Autor _ Calderón
Título _ A vida é sonho

Copyright _ Hedra 2007
Tradução© _ Renata Pallottini
Título original _ La vida es sueño
Edições _ 1992 (Scritta) 2007 2010
Corpo editorial _ Adriano Scatolin,
Alexandre B. de Souza,
Bruno Costa, Caio Gagliardi,
Fábio Mantegari, Iuri Pereira,
Jorge Sallum, Oliver Tolle,
Ricardo Musse, Ricardo Valle

Dados _

Dados Internacionais de Catalogação na Publicação

De la Barca, Calderón (1600–1681)

A vida é sonho. / Calderón de la Barca.
Tradução de Renata Pallottini. – São Paulo:
Hedra, 2009. 100 p.

ISBN 978-85-7715-068-7

1. Literatura espanhola. I. Título. II. Pallottini,
Renata, Tradutora.
CDU
CDD 789

Elaborado por Wanda Lucia Schmidt CRB-8-1922

Direitos reservados em língua
portuguesa somente para o Brasil

EDITORA HEDRA LTDA.

Endereço _
R. Fradique Coutinho, 1139 (subsolo)
05416-011 São Paulo SP Brasil
Telefone/Fax _ +55 11 3097 8304
E-mail _ editora@hedra.com.br
Site _ www.hedra.com.br
Foi feito o depósito legal.

Autor _ CALDERÓN
Título _ A VIDA É SONHO
Tradução _ RENATA PALLOTTINI
Introdução _ LUÍS FILIPE LIMA E
RICARDO VALLE
São Paulo _ 2011

Calderón de la Barca (Madri, 1600-*id.* 1681), poeta e dramaturgo espanhol, foi o grande e último sucessor de Lope de Vega na dramaturgia da Idade de Ouro. Destinado a seguir carreira eclesiástica, estuda teologia, direito e artes, primeiro na Universidade de Alcalá, depois em Salamanca. Por volta de 1620, contra a vontade do pai, ingressa na carreira militar, mas pouco depois começa a escrever comédias. Dedica-se então à produção literária e torna-se o dramaturgo oficial da corte do rei Felipe IV, que o sagrou Cavaleiro da Ordem de São Tiago em 1636. Sua popularidade não se restringiu à corte, suas primeiras peças obtiveram grande aceitação, e com a morte de Lope de Vega em 1635, Calderón torna-se o grande mestre dos palcos espanhóis. Ingressa na ordem religiosa, como padre, aos 50 anos, e em 1663 é nomeado capelão honorário de Felipe IV. Alguns dos temas recorrentes em sua dramaturgia, imbuídos de um refinado simbolismo, são a fidelidade ao rei, a fé católica, a honra pessoal e o espírito cavalheiresco.

A vida é sonho (*La vida es sueño*, 1635) é uma das mais conhecidas e encenadas comédias de Calderón de la Barca. Como tragicomédia, a peça se vale dos recursos da farsa para representar o grave assunto da *vanitas*, ou vaidade da vida. A finalidade moral que assume em seu tempo é, pois, ensinar a lição do Eclesiastes: a de que é vã a vida humana sobre a terra, não passando de vaidade e aflição do espírito aqueles bens que aos homens pareçam honra, glória, riqueza ou distinção.

Renata Pallottini é poeta, dramaturga, tradutora e ensaísta. Suas últimas obras publicadas são *Renata and other poems* (Host Publications, 2004), *Teatro completo* (Perspectiva, 2006) e *ABC poemas adolescentes* (Escrituras, 2007).

Luís Filipe Lima é doutor em história social pela Universidade de São Paulo. É professor de história moderna da Universidade Federal de São Paulo. Atua como pesquisador no Cedope, UFPR, e na Cátedra Jaime Cortesão, USP.

Ricardo Valle é mestre em letras pela Faculdade de Filosofia, Letras e Ciências Humanas da Universidade de São Paulo e leciona literatura na Universidade Estadual do Sudoeste da Bahia.

SUMÁRIO

Introdução, por Luís Filipe Lima e Ricardo Valle 9

A VIDA É SONHO   31
Primeira jornada 35
Segunda jornada 51
Terceira jornada 75

INTRODUÇÃO

Quando escreve *A vida é sonho*, Calderón de la Barca tem já cerca de 35 anos. Era então encenado com êxito na corte e nos currais[1] e, como tem a preferência direta de Felipe IV, logo vai ao prelo com a primeira parte das *Comédias* (1636), seguida da segunda (1637). A reunião impressa de comédias é certamente o reconhecimento oficial de sua autoridade como escritor do gênero de Lope de Vega. Sabe-se que muitas eram as advertências que se faziam em boa parte da Europa a respeito da impressão de textos teatrais. Requeria, pois, a proteção de autoridades políticas, a expensas de quem se aviavam os livros que, impressos com todas as chancelas do Paço e do Santo Ofício, tornar-se-iam fonte de sentenças e figuras persuasivas de verdades morais. A publicação impressa era também circunscrição de uma *autoria*, no sentido de uma *autoridade* poética, fundada na celebridade condigna do nome. Tendo obtido fama em vida, como foi o caso de Calderón, era preciso zelar pela ortografia e pela ortodoxia das páginas que circulavam sob a autoridade de seu nome. Sabemos que Lope de Vega, poucas décadas antes, por mais de uma ocasião fez imprimir catálogos de sua obra teatral para, ao mesmo tempo que fazia o elogio da loquacidade de seu próprio engenho, controlar as

[1] *Corral* era a designação oficial dos locais de recreio do terceiro estado durante períodos de festa da corte em Madri. Abriam-se os currais quando havia núpcias na corte ou faziam anos reis e príncipes, assim como cessavam as licenças para os currais quando houvesse falecimentos ilustres ou derrotas bélicas em alguma parte do império espanhol.

atribuições apócrifas. Não se trata obviamente de controle de propriedade intelectual,[2] mas de zelo pela honra do nome, próprio e familiar. Numa sociedade política em que as posições e licenças são obtidas por notório merecimento pessoal e acumulado pela família, a cura da publicação impressa de peças teatrais pelo próprio autor explica-se pelo cuidado em evitar desgraça ou desfavor no interior dos postos institucionais que os letrados eram dispostos a pleitear, sempre segundo os direitos de fidalguia. Menos do que uma questão entre oralidade e escritura, a captação da benevolência exigia nos prólogos de compilações teatrais, geralmente cômicas, a modéstia afetada por meio de tais argumentos. E a distância entre manuscritos de uso no espetáculo ou exemplares volantes e as edições impressas com privilégio e compostas pelos próprios autores ou por seus herdeiros não é outra coisa que a correção, segundo o decoro, das distorções necessárias relativamente aos diversos auditórios, já que *A vida é sonho*, por exemplo, não poderia ter sido encenada do mesmo modo na corte e nos currais, assim como outra certamente é sua grafia impressa, quando o autor já acumula feitos de mérito e pretende pleitear posições nas instituições políticas e eclesiásticas no reino.

De família fidalga, Calderón estudou com os jesuítas em Madri e frequentou os bancos das universidades de Alcalá e Salamanca, centros da segunda escolástica. Interrompe os estudos em 1620, para seguir carreira militar, dissentindo do pai, que fez carreira de letrado. Retoma a carreira familiar quando entra na rede de serviços do duque de Frias como cortesão, acompanhando-o em vi-

[2] Sobre o conceito de autoria como *auctoritas*, ver João Adolfo Hansen. "Autor". In: José Luís Jobim (org.), *Palavras da Crítica*, Rio de Janeiro, Imago, 1992.

agens pelas cortes da Itália e de Flandres. Foi quando começou a escrever suas comédias, e com o sucesso de suas peças, voltou a Madri onde ganhou a mercê de poeta oficial da corte de Felipe IV. Integrado à corte castelhana já como poeta eminente, lutou ainda nas guerra da França (1638) e Catalunha (1640). Desde o ano em que faz imprimir a primeira parte das *Comédias*, 1636, ostenta o hábito de Caballero de la Orden de Santiago, para o que, além de já reconhecido como cristão velho, obtém a certificação de ser "filho d'algo assim de parte de mãe e pai",[3] este que, pela documentação, é já recomendado pelos serviços prestados como escrivão de câmara.[4] Por fim, em 1651, ordenou-se sacerdote, foi nomeado capelão dos Reis Novos de Toledo e depois retornou a Madri, como capelão-real.

Fidalgo, vassalo, cortesão, poeta, dramaturgo, padre, escrivão, moralista, Calderón passou por muitas das representações oficiais que constituíam o mundo letrado e eclesiástico das cortes seiscentistas. Nasceu em 1600, viveu o longo declínio da monarquia dos Habsburgos na Península Ibérica, e morreu quase ao final do século, em 1681, quando as pretensões hegemônicas dos Áustria nas Espanhas e no Ultramar estavam quase soterradas. Os limites de sua vida bem como as posições que ocupou como homem de letras e capelão parecem reforçar sua figura de homem do século XVII. É decerto uma simplificação, mas, devido a todas essas condições institucionais, o epíteto de "homem barroco", ainda que não dê conta das atividades e vínculos de Calderón como poeta, foi largamente empregado pela crítica literária e

---

[3] "Hixo dalgo así de parte de madre como de padre." *Apud* Aurora Egido, "Introducción". In: Calderón de la Barca, *La fiera, el rayo y la piedra*, Madrid, Catedra, 1989, p. 12.

[4] *Idem, ibidem.*

pelos estudos históricos entre os séculos XIX e XX. A figura e a obra de Calderón foram então transformados em modelo do que então se supunha o século XVII e a cultura ibérica no tempo da política católica da Casa de Áustria e da violenta intervenção contra-reformista nos domínios europeus e ultramarinos da dinastia imperial. Foi, assim, pensado como homem vertiginoso, em crise, multifacetado, entre sagrado e profano, perdido em meio a lugares e funções institucionais, ou ainda como um simples adulador a rondar os poderosos em busca de favores e proteção. Nessa perspectiva, suas peças foram lidas como manifestação de contradições de sua época, donde espelhamentos e supostas indefinições entre o imaginado e o real foram interpretados como consequências ou impressões poéticas de uma época que, vendo desmoronar suas bases, pecava por isso mesmo pelo exagero, ou pelo abuso de ornamentos, bem como pela falta de definição e método que teriam caracterizado o barroco. Todos esses lugares comuns da crítica e historiografia literária fizeram com que a sua recepção a partir de meados do século XVIII até inícios do XX fosse, em geral, negativa. Se fora autor de grande fama ao longo do XVII, caiu em desgraça provavelmente pelas mesmas razões que o elevaram a poeta da corte. Somente nas primeiras décadas do século XX, a crítica voltou a valorizar alguns aspectos de sua obra e trajetória. Mas, como se para compensar os quase dois séculos que o puseram à margem, a crítica literária do século XX exponenciou o seu valor, invertendo o sinal negativo e transformando-o em síntese de um barroco inventado sobre escombros de épocas e instituições até então mal estudadas.

Para evitar ambos os extremos, podemos localizar Calderón e a obra que aqui se edita, *A vida é sonho*, entre outras práticas discursivas que estão cruzadas em seu texto, buscando situá-los, se possível, a partir dos pressupostos que ordenaram sua produção e que fizeram com que o poeta chegasse à fama em seu tempo.

SONHO

A máxima que dá título à peça — "A vida é sonho" — é seguida, na fala de Segismundo, protagonista da comédia, pela afirmação de que "os sonhos, sonhos são", evidenciando que, segundo a doutrina que a peça encena, não é possível a inversão da sentença, "O sonho é vida", como poderíamos pensar a partir da célebre anedota chinesa. O sonho na doutrina católica não é outra vida desde onde se sonha esta: a vida pode ser sonho, mas os sonhos não o deixam de ser. Porque uma como o outro são engano da alma, ou ilusão, que se desmente aterradoramente no instante da morte, quando não se aceitou em vida as lições de desengano da doutrina que ensina "tudo é vaidade e aflição de espírito".[5] O sonho como metáfora da vida era comum na obra de Calderón, e não apenas nela. O próprio título da comédia, *A vida é sonho*, impressa em 1636, em Madri, na *Primera Parte de Comedias de Don Pedro Calderón de La Barca* e, quase simultaneamente, em Zaragoça, na *Parte treynta de comedias famosas de varios Autores*, serviu para dois autos sacramentais, um escrito provavelmente na mesma década da comédia, e outro em 1673, na maturidade de Calderón. Entre os séculos XVI e XVII, era recorrente a ideia de que a vigília, a ação humana, não passava de ilusão e que, como os sonhos, que se dissipam com o dia, a vida se dissiparia com a noite ou sono da morte. Como a figura fundava-se em doutrina

---

[5] "Por isso odiei esta vida, porque a obra que se faz debaixo do sol me era penosa; sim, tudo é vaidade e aflição de espírito." Eclesiastes 2, 17.

cristã que remonta a Boécio e Agostinho, não aparecia apenas nas letras ibéricas do século, a ver as peças de Shakespeare, em especial, *Sonhos de uma noite de verão*. Em todos os casos, a metáfora encenada servia à instrução e doutrina dos espíritos da audiência. Por sua vez, a expressão "os sonhos, sonhos são" aparece em *La Austriada* (1584), de Juan Rufo, na *Tragedia de la honra de Dido restaurada* (1587), de Gabriel Lobo Lasso de la Vega, e em *La Arcadia* (1598), de Lope de Vega, na qual o sonho, como vã esperança, é descrito como um engano a exemplo das ilusões e imaginações do amor louco do mundo, que desvia as vontades dos homens da *via veritatis*, cujo norte é o amor de Deus.

A genealogia dessas tópicas é longa. Podemos remetê-la indiretamente a Platão, na *República*, com a alegoria da caverna de Er, ou, em sua leitura latina, o sonho de Cipião na *República* de Cícero, depois interpretado por Macróbio como chave para a compreensão do cosmo. Trata-se de uma longa tradição dóxica que considera as coisas do mundo — conhecidas como aparência pelos enganos dos sentidos — como reflexos imperfeitos da verdade, como simples sombra, ou mero sonho; tradição que, como se sabe, teve longa e larga importância nas letras cristãs europeias — inclusive por meio da leitura de Macróbio, bem como Plotino, Porfírio, Agostinho, Boécio, entre outros. Com os regimes centrais de reis sobre territórios cada vez mais largos, a opinião ganhou nova força, pois foi somada a uma interpretação e economia das coisas do mundo que vinculava ainda mais estreitamente essa disposição eminentemente ascética, mas desde sempre política, a necessidades práticas de ação e de ordem da Igreja e dos Estados.

O sonho é, no repertório de lugares do século XVII,

comparável ao teatro, o que também foi tema na obra de Calderón, em *El gran teatro del mundo*. O teatro, como o sonho, encena imagens fictícias, porque fingidas pela fantasia, e remete a alma a imagens da vida e da vigília. O sonho era então entendido como efeito das atividades diurnas, pois o que se via em sonhos, dormindo, eram as imagens vistas ou imaginadas durante a vigília que tinham sido impressas e gravadas na memória. À noite, ao dormir, tais imagens soltavam-se da memória por ação involuntária dos vapores digestivos, remexidos ainda pela mudança de posição do corpo, como então se entendia a partir da leitura, por exemplo, do *De rerum natura*, de Lucrécio, e de outros fisiólogos antigos. Libertadas sem ordem, arrancadas pelos vapores dos fluídos corporais, imagens se formavam aleatoriamente na fantasia, potência da alma que, sem o governo do entendimento entorpecido pelo sono, confundia a memória e a vontade, gerando os sonhos sem sentido, frutos das imagens diurnas. O teatro era também encenação fingida de ações imaginadas que apareciam para o público relacionadas ao mundo vivido, como necessidade e verossimilhança. Mais importante, tanto o sonho como o teatro, usados como *exemplum*, deviam alertar os seus homens a cerca dos enganos do mundo vivido, pois, ao fim, também ele não é senão uma profusão de imagens sem sentido e fingidas. Ao cerrarem-se as cortinas da vida fingida em cena ou abrirem-se os olhos da pequena morte, figura do sono, nada resta, exceto as impressões e devaneios; do mesmo modo, mas com muito mais graves consequências, na morte se dissipam as imagens que obnubilaram durante a vida a visão que só se atinge com a razão, então entendida como as partes superiores e imperecíveis da alma, a saber, o entendimento, a memória e a vontade. Além dessas porções de substância imortal que, segundo a doutrina, constituía a natureza humana, nada restaria do que se teve em vida, como nada resta do que se viu no palco ou no sono, pois a vida humana ela mesma nada é além de uma imagem do Criador, ao qual retorna desde que não se tenha enganado pela louca fantasia do mundo e se desviado com seus atos pelas sendas erradas de toda a inumerável variedade de vícios.

Para a doutrina ibérica, católica e tridentina seiscentista, a vida era sonho e o mundo um teatro, porque a verdade estava fora do mundo, em Deus. E assim, tudo era figura e imagem de Deus e efeito da Criação. Tudo era um sonho e teatro da Criação e do Criador. A Causa Primeira do Mundo, Deus Criador, também apontava para a Causa Final, Deus Julgador. A Criação, origem de tudo, na qual o humano fora feito com alma imortal, razão e livre-arbítrio, apontava necessariamente para o seu fim, o Julgamento Final, quando se separariam aqueles que condenaram a alma ao usar a razão e o livre-arbítrio para o erro, sucumbindo aos bens enganosos da carne, daqueles que se salvariam pois aplicaram suas escolhas, de modo racional e livre, no refreio dos desejos do corpo e no controle das paixões da alma. A história humana seria o caminho da Criação para o Julgamento Final. Deus dera à humanidade uma Graça: completar o Seu projeto, o destino do mundo e da Criação por meio do livre-arbítrio. Aos humanos, tornados causas segundas da Criação, restava seguir esse desidério, orientando a vontade com o entendimento e a memória das boas leis e bons exemplos, a fim de escolher entre os erros o acerto.

A salvação não se dava, porém, somente no plano individual. Pela doutrina derivada do Concílio de Trento (1545–1563) e pregada pelos padres da Companhia de Jesus em todo o império hispânico, a salvação era particular mas dependia da obra universal das instituições dos homens *catolicamente* cumprindo os desígnios divinos, pois a ação humana completava o projeto de Deus e era mediada pelos corpos místicos da Igreja e, na esfera civil, dos Estados temporais. O fiel deveria evitar o pecado não só para evitar sua danação particular, mas porque ao pecar, desviando-se da reta via da verdade, afetaria, como membro doente de um corpo maior, toda a Igreja e seu Reino. Esse sentido corporativo transformava o príncipe em espelho do reino, em personificação dos seus súditos e vassalos, que se refletiam na cabeça do corpo — o príncipe — e eram comandados por ela. Como face da mesma moeda, debitava-se sobre os vassalos do rei a necessidade de agir de maneira justa e fiel, pois seu desvio não era só seu, era do corpo místico, ou melhor, sua falta corrompia a boa harmonia do resto do corpo. Se um pé, por cobiça ou vaidade, quer ser mão ou, por preguiça ou ira, não quer mais andar, o resto do corpo se atrasa e se desequilibra. Como a doutrina da Divina Providência e do livre arbítrio dos homens recusava a predestinação e o fatalismo divinatório, sobre as decisões da pessoa particular pesava o destino geral: da família, da vila ou cidade, das repúblicas ou reinos, do império, da cristandade. Falhar podia levar à condenação de muitos, "*tantos y tontos*", que dessem ouvido ou seguissem o exemplo dos que, empedernidos, confeitavam vícios como se fossem virtudes ou erravam pelos descaminhos do mal como se seguissem o bem. Tal responsabilidade pesava especialmente sobre a cabeça do reino, o príncipe, já que, para empregarmos uma imagem corrente, a queda de um carvalho é sempre mais ruinosa do que a de uma faia. Por isso, era importante controlar pela temperança as desmedidas do corpo e da alma. Um bom governante (assim como um bom súdito) era aquele que não se deixava levar pelos desejos, pela ira, pelas ambições, pelos sonhos. Deixar-se governar por qualquer destas *vanitates* era um desgoverno, que se refletia em todo o reino. Era seguir imagens vãs, como as dos sonhos, que se acabam ao raiar do dia como a vida ao raiar da morte, ou achar que as cenas do teatro são verdades mais que verossímeis, e que os bens do tempo são a causa final da vida.

Ao mesmo tempo, se o sonho era fruto das ações diurnas — ou "relíquias dos cuidados", como diz Antônio Vieira (1607-1698) —, as imagens oníricas poderiam denunciar as práticas desviantes cometidas durante a vigília e anunciar, se refletidas corretamente no entendimento, o remédio para elas. Os sonhos eram, na medicina de então, um bom meio de diagnosticar doenças e desequilíbrios corporais, porque indícios da dieta seguida, do funcionamento da digestão, da circulação dos humores e vapores. E para o confessor, médico da alma, eram um modo de vislumbrar no particular fontes de pecado. Os manuais de confessores orientavam perguntar sobre os sonhos, pois podiam indiciar as imagens pecaminosas vistas (ou imaginadas) pelo fiel ou, mais grave, podiam ser caminho para o pecado se o sonhador, ao acordar, acreditasse no sonho ou alimentasse desejos em relação à imagem sonhada. Sonhar, por si só, não era pecado, pois quando o fiel dormia os sentidos e as potências da alma também adormeciam. Adormecidos, não havia nem memória ativa, governada pelo entendimento, para lembrar os bons ou maus exemplos, não havia entendimento para ponderar sobre as verdadeiras leis e discernir o certo do errado, e, sem memória e entendimento, tampouco a vontade poderia ter firmeza para seguir o caminho reto que conduz até

Deus. O problema estava com o que se fazia depois de ver o sonho (e o que tinha motivado aquele sonho). Porém, o bom cristão e bom vassalo, mesmo em sonhos, teria visões ordenadas para o bem, pois elas eram o reflexo de suas ações diurnas e, caso houvesse tentação em imagens oníricas, seu regime físico e moral impediria que o pecado e a desobediência frutificassem em seu espírito e corpo, e resultassem em ações desviantes.

VIDA É SONHO

Em *A vida é sonho* não há um só sonho posto em cena. Existe, sobretudo, o fingimento de que houve sonhos. Ainda que sejam causa do nó da trama principal da peça, os únicos sonhos durante o sono estão fora da ação que se passa no reino da Polônia: são os sonhos da rainha Clorinda, mulher de Basílio, rei, e mãe do príncipe encarcerado, Segismundo, que durante o parto, "entre ideias e delírios" sonhou que daria a luz a um "monstro em forma de homem" — o que ratificava a astrologia que presidiu o nascimento de Segismundo, herdeiro temido do trono de Basílio. Quem narra esse sonho retrospectivamente é este mesmo rei, ao explicar para seus sobrinhos e pretensos herdeiros, Astolfo e Estrela, a verdade sobre Segismundo e seus planos de libertá-lo, por um dia, da sua prisão na torre. Mas o fará por um estratagema engenhoso, drogando-o, e levando ao palácio para despertar, pois assim, caso se cumpra o vaticínio, e os delírios de sua falecida mulher se confirmem verdadeiros, Segismundo seria novamente drogado, devolvido ao cárcere e acharia que, na verdade, seu dia como príncipe não passara de um sonho. O sonho aqui é um artifício empregado por um rei que pretende verificar se vaticínios podem definir a sucessão e o futuro de seu reino.

Quem vai realizar esse estratagema é o velho e fiel Clotaldo, fidalgo do reino e o aio responsável por cuidar de Segismundo na torre rochosa em que foi encerrado desde o nascimento. O velho fidalgo, por sua vez, está envolvido em uma questão familiar, com implicações na sucessão. Logo na primeira cena, Rosaura, filha oculta de Clotaldo, chega por acaso ao cárcere de Segismundo. Vem em trajes masculinos e acompanhada de Clarim, seu pajem, e pretende recuperar sua honra perdida para Astolfo, sobrinho do rei Basílio. Rosaura, porém, não sabe que seu pai é Clotaldo que logo a identifica pela espada que dera a sua amada, mãe de Rosaura. Ele crê, porém, que Rosaura é varão, uma vez que preferiu viajar travestida para pedir ajuda no reino da Polônia. São esses os conflitos que se desenlaçam pelas três jornadas, separadas, como os dias, pelo sono induzido de Segismundo.

Na primeira jornada, Segismundo está encarcerado e desconhece a nobreza de seu nascimento. É posto para dormir, e acorda na segunda jornada, no palácio. Desperto como príncipe — sem nunca ter sido doutrinado para tal — deixa-se governar por todas as suas paixões, e seus atos são todos desmedidos e cruéis. Revoltado com sua situação anterior e com o fato de lhe terem escondido a nobreza de seu estado, quer matar seu aio, Clotaldo, que sempre dele cuidou, obedecendo as ordens reais; ameaça defenestrar um criado que o irrita, e o faz, por ira e por orgulho de sua atual posição; galanteia indiscretamente Estrela na frente de seu pretendente, Astolfo, antes destratado por Segismundo e depois desafiado à espada; desrespeita e se levanta contra Basílio, na posição de dupla autoridade de pai e rei. Por fim, subitamente apaixonado por Rosaura, que agora, aparece em toda a sua beleza, vestida como mulher, quer forçá-la a corresponder a seu amor. Revela-se, de fato, um tirano, como temera seu pai, o rei. Paira a dúvida, entretanto, se é por conta do vaticínio (e portanto de uma predestinação trágica, mas vinda de superstição) ou pela rudeza e estado bruto dado pelo cárcere, pois em sua vida não tivera outro contato com pessoas além de Clotaldo.

Segismundo é posto para dormir novamente, e acorda, no final da segunda jornada, reduzido ao seu estado inicial, preso no cárcere e novamente tendo apenas Clotaldo como interlocutor. Nesse segundo acordar, profere o famoso monólogo que se encerra com os versos:

> Que é a vida? Um frenesi.
> Que é a vida? Uma ilusão,
> Uma sombra, uma ficção;
> O maior bem é tristonho,
> Porque toda a vida é sonho
> E os sonhos, sonhos são.

A vida é sonho, percebe Segismundo aprisionado, mas tinha visto (em sonhos fingidos) os resultados da liberdade absoluta e a soltura do poder. Mesmo achando que havia sonhado, Segismundo entende que as ações, paixões e estados humanos fenecem: "E há quem queira reinar/ vendo que há de despertar/ no negro sonho da morte?". Os versos invertem o título da peça, pois a morte agora é sonho. É sonho, entretanto, para o qual se desperta, índice de maior verdade. No "negro sonho da morte" se vê finalmente e de modo definitivo o destino para o qual corre a vida fugaz no mundo temporal: a própria morte e o julgamento do Eterno, e não as imagens fingidas (semelhantes ao sonho dormindo) que são as ações e vontades humanas, como querer reinar.

Evocam-se tópicas de tradição ciceroniana que postulavam que a morte é sono longo, e o sono, pequena morte. Mas se a vida é sonho, e se os sonhos, sonhos são, o sono da morte corresponde ao verdadeiro despertar, pois desenganam, isto é, descobrem as imagens fingidas pelos sentidos ou pela fantasia, figuras falsas que enganam a verdadeira natureza humana. Morrer era despertar, descobrir o véu de sombras, ficções, sonhos, que envolvia a vida. Era finalmente lembrar que a natureza humana, para além do que nela é participação na eternidade, não é mais do que pó de terra, como dizem as Escrituras. Como o teatro de Calderón, a pintura de natureza morta, muito em voga na época, também lembrava tal condição. Nessas alegorias da vida humana, os símbolos do poder e da glória — as coroas, os cetros, a tiara papal, muitas vezes espelhos, livros, riquezas — justapunham-se aos símbolos da morte e da fugacidade da vida — caveiras, relógios, flores murchas ou despetaladas, campos devastados. Não por acaso, ficou também conhecido como "A vida é sonho", um óleo famoso desse gênero, de Antonio Pereda, *Sonho do cavaleiro* (c. 1655), que retrata um fidalgo adormecido ao lado de uma mesa cheia de símbolos de glória e riqueza mas também de morte e fugacidade.

Na terceira jornada, quando o estratagema de Basílio se fecha, passando a atuar como desengano da glória, Segismundo, novamente preso, não consegue auferir certeza do que viveu em vigília. Para ele, tudo foi sonho. Portanto, evidencia-se para a audiência que não é possível perceber a diferença entre o visto e o imaginado, entre o vivido e o sonhado. Tudo são imagens, dos sentidos ou da fantasia, e não há como diferenciá-las. Em outra vertente da mesma tradição que atribui aos sentidos a origem dos enganos, é essa a mesma questão formulada por Descartes (1596–1650) na primeira das *Meditações metafísicas* (1641), diante da impossibilidade de distinguir a experiência da vigília da experiência sonhada.

O desenlace dos conflitos na terceira jornada vai resolver a confusão entre vida e sonho, pois Segismundo não só percebe que havia vivido o que pensava ter sonhado, como também há a indicação de qual deve ser a atitude certa diante de tantos enganos. Os súditos, na figura dos soldados, descobrem que há um príncipe herdeiro, encarcerado pelo próprio pai. Libertam-no, incitados por um dos soldados, e, revoltosos, querem fazê-lo rei e, como não participam das razões do atual monarca e de sua corte, intentam condená-los pela farsa. A essa empresa, juntam-se Clotaldo, perdoado e elogiado por Segismundo, e Rosaura, vestida de guerreira. Por fim, conseguem levar Segismundo ao palácio novamente, agora desperto, pois, se não sabe a diferença entre vida e sonho, sabe que aquilo que parece sonho pode ser vida, e vice-versa. Ao refletir sobre esse jogo de aparências e espelhos, Segismundo percebe que o justo caminho é aquele que controla as paixões e não é guiado pelos desejos, glórias e aparências mundanas:

Uma vez desencadeadas as forças, não poderia mais descansar a minha sanha, adoçar a espada da minha fúria, tranquilizar a dureza da minha violência, porque o futuro não pode ser afeiçoado com injustiças e fomes de vingança. Assim, quem deseja dominar a sua má sorte, terá de usar de prudência e temperança.

Revelando doutrina e subordinando o seu destino não à sorte, mas à "prudência e temperança", Segismundo mostra-se, ao fim da peça, sábio e prudente, como diz Rosaura. Perdoa seu pai e o reconhece como rei; abdica do seu amor por Rosaura, unindo-a a Astolfo, pois sua honra precisa ser restaurada; premia Clotaldo como seu conselheiro; marca o próprio casamento com Estrela, para que essa não fique prejudicada com a perda do seu pretendente, Astolfo. E condena como traidor o soldado que iniciara a revolta, pois só seu malogrado intento era já crime de lesa-majestade. Como príncipe prudente, tempera seus sentimentos com a razão, algo aprendido ao longo das três jornadas que se fingiram sonho. Segismundo reestabelece a concórdia e a paz no reino ao repartir e distribuir justa e ordenadamente a cada um o que lhe seria de direito — seja a glória, seja a prisão. A lição que aprende, e assim se encerra a peça, é que a felicidade humana é mero sonho e, se tudo é sonho, pode novamente, a qualquer momento, "acordar na torre". Por isso, deve aproveitar cada momento para viver corretamente, seja em sonho, seja acordado.

Repassada a trama e algumas passagens da peça de modo breve, devemos nos lembrar que *A vida é sonho* é uma comédia — ou mais especificamente uma tragicomédia, não propriamente um gênero de fronteira mas espécie do gênero cômico. Sua formulação prescritiva e seu vasto *corpus* em castelhano são devidos sobretudo a Lope de Vega, principal autoridade do gênero, ou subgênero, que na invenção imita, por um lado, o baixo cômico, movendo a audiência ao riso anódino que desperta, por exemplo, a leal covardia do pajem Clarim, e, por outro, a matéria elevada, política, que conduz ao espanto ante os erros trágicos do pai e do filho. É sobretudo à matéria da invenção que se deve a designação híbrida tragicomédia: pela mistura de matéria baixa e alta, encenando vícios fracos, como a tibieza, própria à imitação do serviçal, ao lado de vícios fortes, como a tirania, própria à do príncipe. Pela disposição, a tragicomédia, gênero monstruoso por definição, é antes de tudo comédia, porque a ação, que se inicia com circunstâncias penosas caminha para a solução amena, e, por isso, mesmo em Lope de Vega, o misto tragicômico permanece sendo designado como cômico, o que se lê até mesmo no título do livro que institui nas letras hispânicas a tragicomédia, o *Arte nuevo de hacer comedias*, de Lope. Como cena tragicômica, que deve causar espanto e riso, o estilo alterna o tom ligeiro nos temores de Clarim e o grave nos monólogos lamentosos de Rosaura ou Segismundo. O misto é evidentemente elemento de comédia; assim, o tom farsesco imiscuído à gravidade dos erros políticos da cena principal diverte a audiência sobretudo vulgar, no sentido de fazer voltar para outro lado os entendimentos menos exercitados pelas letras, visando com isso a dar gosto ao público que só com a gravidade aprenderia menos num gênero de recreação como o espetáculo teatral. Era esse o fim, por exemplo, dos entremezes que já no tempo de Cervantes se inseriam entre os atos da tragédia, bem como das cenas ligeiras dentro das tragédias de Shakespeare. Uma personagem feminina aparecer vestida de homem (na primeira cena da primeira jornada), depois de dama da corte (na segunda jornada), depois de mulher guerreira (na terceira), como Rosaura, instaura o tom de farsa e indica que cada jornada inverte a anterior; do mesmo modo, o singular estratagema do rei, que por excesso de zelo pelo Estado que governa é causador de injustiça sobre o filho. Mesmo sendo uma comédia, ela não apenas diverte, mas deve comover os ânimos, convencer os intelectos, instruindo moralmente a alma dos espectadores. A produção de efeitos discursivos, por meio do emprego de figuras, do uso arguto das tópicas da invenção e do fingimento de necessidade e verossimilhança entre as ações exemplares postas em cena constituem argumento e ornamento poéticos a serviço do documento moral e, consequentemente, político da audiência, entendendo por documento o efeito de ensinar (*docere*), ou seja, instruir doutrina.

Se o mundo é um efeito da Criação, mera imagem, sonho e ficção, todo discurso precisaria apontar para o verdadeiro sentido da vida. No campo civil, do Estado temporal dos reinos e cidades: o bem comum, pela concórdia entre os homens. No campo espiritual, do Estado intemporal da Igreja de Roma: o sumo bem, para a salvação das almas. O primeiro, a serviço do segundo, porque o fim último era Deus; mas o segundo dependente do primeiro, pois com desordem entre as gentes e reinos as almas ficavam turbadas, os espíritos, descontrolados, as vontades e ações, desmedidas. Afirmar que a vida era sonho, e que, por isso, era preciso regular as paixões e os desejos, orientando com exemplo e doutrina a vontade dos homens para que aspirassem ao verdadeiro bem, seria contribuir para esse fim. Havia, portanto, uma função didática no que hoje pode parecer jogo de espelhos. Buscava-se ensinar a ser um bom cristão e um bom súdito, faces inseparáveis na monarquia católica dos Habsburgos.

O próprio tema da peça estava ligado à instituição civil do Estado monárquico. Como é protagonizada por um príncipe e a ação é movida em torno dos riscos da ascensão de um mau rei, *A vida é sonho* articula elementos de espelhos de príncipe, gênero de escritura política que remonta provavelmente aos primeiros séculos do segundo milênio da era cristã e se difunde largamente entre os séculos XV e XVIII, gênero, enfim, de que o *Príncipe* de Maquiavel é apenas um caso, ainda que, como caso heterodoxo, sejam célebres as querelas que produziu em toda a Europa desde sua publicação e sobretudo violentas a censura e perseguição aos maquiavélicos na Península Ibérica. Pensados a partir dos usos cristãos da *Ética a Nicômaco*, de Aristóteles, ou *Dos ofícios*, de Cícero, ou ainda de escritos estoicos romanos, os espelhos eram comumente redigidos por cortesãos, conselheiros de reis ou tutores de príncipes, ou ainda por fidalgos letrados aspirantes às posições de privança real. Tinham por fim doutrinar as ações dos governantes como manuais de virtude.[6] A prudência, como controle das paixões e dos sentidos, como boa eleição e juízo, era a virtude capital, fonte das demais, para o bom governo de si e da hierarquia política. Um bom príncipe precisava ter auto-governo para poder governar com justiça, buscando a felicidade não nas glórias terrenas, mas nas eternas, que consistiam em proporcionar a boa ordem dos estados civis que lhe estavam sujeitos, garantindo o bem comum, figura temporal do sumo bem, enquanto se espera o fim do mundo, quando os bons reis e bons súditos, vivos e mortos, esperam ter salvos corpos e almas da danação eterna.

Segismundo aprende isso com seus próprios erros, mas, sobretudo, ao perceber que "a vida é sonho, e os sonhos, sonhos são". Ao descobrir e revelar isso na condição de príncipe, serve de exemplo para o seu reino, tanto à corte quanto ao povo reunido no palácio, que o admira, indicando aos espectadores o exemplo do justo caminho da ação prudente e temperada. Condena também o levante contra a autoridade, demonstrando, também com exemplo, o caminho a se evitar por meio da prisão do

---

[6] Para um estudo minucioso dos espelhos de príncipe, ver João Adolfo Hansen. "Educando príncipes no espelho". In: *Floema Especial. Caderno de Teoria e História Literária do Departamento de Estudos Linguísticos e Literários* — UESB-BA. Ano II, n. 2 A, pp. 133–169, out. /2006.

soldado rebelde, pois os levantes perturbam a paz e a concórdia do reino. Isso em tempos de uma série de revoltas contra o poder dos Áustria que eclodiram na década de 1630 na Península Ibérica (de Portugal à Catalunha), governada por Felipe IV e por seu valido, o conde-duque de Olivares. Mostrava Calderón, poeta oficial da corte, que o exemplo de Segismundo era completado pelo castigo exemplar do soldado. Os vassalos viam ali como deveriam se portar, fiel e obedientemente, para que não se quebrasse a harmonia do corpo da república. Especialmente se esse corpo fosse composto de muitos reinos e tivesse a função declarada de redimir os homens incluídos na grande nave de um império cristão, como se supunha a monarquia católica filipina, que legitimava o poder temporal na defesa da fé católica e congregava, com muitos custos e dificuldade crescente, os reinos de Espanha, Portugal, sul da Itália, parte dos Países Baixos, das Américas, África e Ásia.

Ao afirmar a importância do governo e do auto-governo, a comédia também ressaltava a necessidade das boas escolhas e da importância da ação particular para que se chegasse ao bem comum. Segismundo supera o prognóstico nefasto dos sonhos de sua mãe e dos astros. Ainda que falha sua educação como príncipe, pois encarcerado como fera, a vida, ou melhor, a sequência de três jornadas, súmula da vida, ensinou-lhe o bom uso do livre-arbítrio, em conformidade com a reta razão das coisas que concerniam à sua posição, domando sua inclinação natural e tornando-se um homem nobre.

Convergia o poeta com as determinações de Trento e a luta da Igreja Romana após as Reformas contra as superstições populares e as heresias calvinista e luterana.

Se a vida era sonho e o mundo era um teatro, era preciso saber agir e atuar nele, pois das obras e escolhas dependia o desenrolar da trama e o final feliz.

A VIDA É SONHO

Personagens

BASÍLIO
  Rei da Polônia

SEGISMUNDO
  Príncipe

ASTOLFO
  Duque de Moscou

CLOTALDO
  Velho

CLARIM
  Gracioso (criado de Rosaura)

ESTRELA
  Infanta

ROSAURA
  Dama

Soldados, Guardas, Músicos, Comitivas, Criados e Damas.

Cenas na corte da Polônia, numa fortaleza pouco distante, e no campo.

PRIMEIRA JORNADA

De um lado um áspero monte; de outro, uma torre, cuja parte térrea serve de prisão a SEGISMUNDO. *A porta que dá frente para o espectador está entreaberta. A ação principia ao anoitecer. Rosaura, vestida de homem, aparece no alto do monte pedregoso, e desce; Clarim a acompanha.*

ROSAURA — Ah, centauro violento
que correste parelhas com o vento!
Já que por estas penhas
te enfureces, arrastas e despenhas
fica-te neste monte
que eu seguirei sem ti a minha sorte!
Mal, Polônia, recebes
a um estrangeiro, pois com sangue escreves
sua entrada em tuas pedras
e aterras a quem chega em tuas terras!
Bem minha sorte o diz.
Mas quando achou piedade um infeliz?

CLARIM — Um só? Diz dois! Por que me esqueces? Fomos dois a sair em busca de aventuras, dois os que entre desditas e loucuras viemos parar aqui... Dois caídos na montanha, sem cavalos, perdidos... Isso não é bastante pra unir nossos pesares? Ah, senhora, e agora? A pé, sozinhos e perdidos a esta hora?
(*Ouvem-se ruídos de corrente.*)

CLARIM — Céus! Que ouço?

ROSAURA — Deus! Que é isso?

CLARIM — Correntes? Deve ser um calabouço!

SEGISMUNDO — (*dentro*) Ai, mísero de mim! Ai, infeliz!

ROSAURA — Que triste voz! Que triste esse rumor!

CLARIM — A mim me dá pavor!

ROSAURA — Clarim...

CLARIM — Senhora...

ROSAURA — Fujamos dos perigos desta torre encantada...

CLARIM — Ânimo pra fugir é que me falta...

ROSAURA — Se fugir não podemos,
ao menos suas desditas escutemos...
(*Abre-se a porta e aparece* SEGISMUNDO, *acorrentado e vestido de peles. Há luz na torre.*)

SEGISMUNDO — Ai, mísero de mim! Ai, infeliz!
Descobrir, oh Deus, pretendo,
já que me tratas assim
que delito cometi
fatal, contra ti, nascendo.
Mas eu nasci, e compreendo
que o crime foi cometido
pois o delito maior
do homem é ter nascido.
Só quereria saber
se em algo mais te ofendi
pra me castigares mais.
Não nasceram os demais?
Então, se os outros nasceram
que privilégio tiveram

que eu não tive jamais?
Nasce o pássaro dourado,
joia de tanta beleza
e é flor de pluma e riqueza
ou bem ramalhete alado
quando o céu desanuviado
corta com velocidade
negando-se à piedade
do ninho que deixa em calma:
e por que, tendo mais alma,
tenho menos liberdade?
Nasce a fera, e muito cedo
a humana necessidade
ensina-lhe a crueldade,
monstro de seu labirinto:
e eu, com melhor instinto
tenho menos liberdade?
Nasce o peixe e não respira,
aborto de ovas e lamas,
é apenas barco de escamas
quando nas ondas se mira
e por toda parte gira
medindo a imensidade
de sua capacidade;
tanto lhe dá sul ou norte.
E eu que sei da minha sorte
tenho menos liberdade?
Nasce o regato, serpente
que entre flores se desata
e como cobra de prata
entre as flores se distende
celebrando a majestade
do campo aberto à fugida.

Por que eu, tendo mais vida,
tenho menos liberdade?
Em chegando a esta paixão,
num vulcão todo transfeito,
quisera arrancar do peito
pedaços do coração;
que lei, justiça ou razão
recusar aos homens sabe
privilégio tão suave,
licença tão essencial
dada por Deus ao cristal,
a um peixe, a um bruto e a uma ave?

ROSAURA — Tenho pena... e tenho medo...

SEGISMUNDO — Quem me ouviu? Clotaldo?

CLARIM — (*a sua ama*) Diz que sim...

ROSAURA — Um triste apenas... que conheceu tuas queixas...

SEGISMUNDO — (*agarrando-a*) Apenas porque me ouviste é preciso que eu te mate.

CLARIM — Eu sou surdo!

ROSAURA — Se és homem, bastará que eu me ajoelhe, para que me veja livre.

SEGISMUNDO — A tua voz me enternece, tua presença me encanta... eu te respeito por força. Quem és? Nada sei do mundo... Esta torre me foi berço e sepulcro. Nunca vi nem falei senão a um homem e só por ele sei notícias do céu e da terra. Sou um homem para as feras e uma fera para os homens. Dos animais, aprendi política, e aconselhado pelos pássaros contemplei os astros e aprendi a medir os círculos. Só tu conseguiste aplacar minha ira, surpreender meus ouvidos e encantar meus olhos. Olho-te e quero ver-te ainda. Fala: quem és?

ROSAURA — Com tanto assombro de ver-te, com espanto de te ouvir, não sei que possa dizer-te nem o que te perguntar. Eu sou...
(*Ouve-se a voz de* CLOTALDO, *dentro.*)

CLOTALDO — (*dentro*) Guardas desta torre! Adormecido ou covarde, alguém deu passagem a duas pessoas que violaram o cárcere...

ROSAURA — Que mais perigos me esperam?

SEGISMUNDO — Eis Clotaldo, o meu guardião. Que novas infelicidades devo sofrer?

CLOTALDO — (*dentro*) Venham, guardas, para prender ou matar!

VOZES — (*dentro*) Traição!

CLARIM — Guardas da torre! Se nos é dado escolher... preferimos a prisão!
(*Entram* CLOTALDO *e os soldados;* CLOTALDO *com arma de fogo, e os mais com o rosto coberto.*)

CLOTALDO — (*aparte, aos soldados*) Cubram o rosto. É importante que não saibam quem somos.

CLARIM — Brincando de mascarados?

CLOTALDO — Haveis ultrapassado os limites permitidos e desrespeitado o decreto real. Vossas armas e vidas, senão usarei de força.

SEGISMUNDO — Antes, tirano, que toques ou ofendas a estas pessoas, acabará minha vida nestes grilhões miseráveis. Juro pelos céus! Despedaçado aqui me terás, com minhas mãos e meus dentes, antes que consinta em teus ultrajes.

CLOTALDO — Segismundo, se sabes que tuas desditas são tão grandes que, mesmo antes de nascer, morreste pela lei dos céus... se sabes que esta prisão é o freio da tua arrogância, por que esse orgulho? (*aos soldados*) Fechem a porta do cárcere.

SEGISMUNDO — Ah, céu, que bem fazes em tirar-me a liberdade! Se assim não fosse eu seria um gigante contra ti!

CLOTALDO — Por isso é que padeces tantos males.
(SEGISMUNDO *é levado por soldados, que o encerram na prisão.*)

ROSAURA — Já percebi que a soberba te ofende. Por isso, humilde, estou aqui a teus pés.

CLARIM — E se nem humildade nem orgulho te cativam, eu, nem humilde nem orgulhoso, antes confundido entre as duas metades, peço-te que nos desculpes e ampares.

CLOTALDO — (*aos soldados*) Hei!

SOLDADOS — Senhor...

CLOTALDO — Tirem as armas dos dois, e ponham vendas em seus olhos, para que não vejam de onde saem, nem como o fazem.

ROSAURA — Aqui está a minha espada. Não a entrego a qualquer um.

CLARIM — A minha é tão ordinária que pode ser entregue até ao pior sujeito. (*a um soldado*) Toma lá.

ROSAURA — Se hei de morrer sem remédio, quero deixar-te esta espada, prenda que foi estimada por quem um dia a cingiu. Por algum pressentimento, sei que esta arma dourada encerra mistérios grandes. Nela apenas confiado, venho à Polônia vingar-me.

CALDERÓN

CLOTALDO — (*aparte*) Céus! Que é isto? E quem te deu esta espada?

ROSAURA — Uma mulher.

CLOTALDO — Seu nome?

ROSAURA — Não posso dizer o nome.

CLOTALDO — Por que achas que há um segredo nessa arma?

ROSAURA — Quem me deu a espada, disse:
"vai à Polônia e procura
com perseverança e arte
que a vejam nobres senhores
porque algum há de ajudar-te".

CLOTALDO — (*aparte*) Valha-me o céu! É possível?
Esta é a espada que um dia
dei à formosa Violante
e, por ela, ao nosso filho;
esse seria o sinal
para ser reconhecido.
Mas que fazer, se é usada
por um homem condenado?
Este é meu filho, bem vejo,
bem o diz o coração,
mas que fazer? Pois, levá-lo
ao Rei é levá-lo à morte
e não levar é traição.
De um lado o amor de pai
e do outro a lealdade.
Porém, como duvidar
se a obediência à majestade
vem em primeiro lugar?
E, agora, penso melhor:
ele falou em vingança.

Homem que está ofendido
é, antes de tudo, infame.
Portanto não é meu filho,
nem tem o meu nobre sangue.
Mas se de fato uma afronta
sofreu ele, de tal arte
que o marcasse, porque a honra
é de matéria tão frágil
que com uma ação se quebra
e com o vento se mancha,
foi nobre de sua parte
ter vindo para vingar-se.
Nesse caso, ele é meu filho.
Porque seu valor é grande.
Entre uma dúvida e outra
o melhor será levá-lo
ao Rei, dizer que é meu filho,
e que mesmo assim o mate.
Talvez que o Rei o perdôe
graças à minha lealdade.
A ele nada direi.
Se morrer, não sabe nada.

CLOTALDO — (*alto*) Vinde comigo, estrangeiros. Comigo, nada vos falte.
(*Mudança de cenário; Salão do Palácio Real da Corte,* ASTOLFO *e soldados entram por um lado e, por outro, a infanta* ESTRELA *e damas. Música militar e salvas, dentro.*)

ASTOLFO — Diante dos teus belos olhos, que são estrelas, as trombetas e os tambores, as aves e as fontes misturam salvas diferentes. És a rainha de minha alma.

ESTRELA — Se as palavras devem ser comparadas às ações, fizeste mal pronunciando gentilezas tão cortesãs. Eu poderia desmentir todos esses graves ornamentos, que ouso declarar imerecidos. As lisonjas que ouço de ti não condizem, segundo creio, com os fatos que vejo. E olha que é ação baixa o elogiar com a boca e matar com a vontade.

ASTOLFO — Estás mal informada, pois duvidas da sinceridade das minhas gentilezas. Suplico-te que ouças as minhas razões: há muito tempo, bem sabes, morreu Eustórgio III, rei da Polônia, deixando Basílio como herdeiro, e mais duas filhas, minha mãe e a tua. Não quero recordar o que não vem ao nosso assunto. Clorilene, tua mãe, que agora tem do céu de estrelas em melhor império, foi a primogênita; a outra foi a altaneira Recisunda, que Deus guarde mil anos, casou-se em Moscou, e dela nasci eu. Agora voltemos atrás. Basílio, que já vergado pelos anos, é mais dado ao estudo que às mulheres, enviuvou sem filhos, e tu e eu aspiramos ao trono desse Estado. Tu porque és filha da primogênita; eu, que nasci varão, embora de irmã mais nova, devo ser, para o efeito, preferido. Contamos ao tio as nossas intenções; e ele respondeu que desejava um acordo entre nós e para isso marcamos este lugar e este dia. Com esta intenção saí de minha pátria. E aqui estou, com a mesma intenção. Em vez de fazer-te guerra, podes tu fazê-la a mim. Oh, queria o amor, sábio deus, que o vulgo seja hoje a respeito de nós ambos um astrólogo exato e que o acordo termine fazendo de ti rainha — mas rainha na minha vontade. Para maior honra, o nosso tio dar-te-á sua coroa; o teu merecimento te dará vitórias, e o meu amor te entregará o seu império.

ESTRELA — Digo-te que no peito não há menos generosidade. Folgaria que a imperial realeza fosse minha só, para torná-la tu, embora no íntimo, não esteja convencida de que és ingrato, suspeito de quanto dizes por causa desse retrato que está pendente do teu peito.

ASTOLFO — Penso dar-te satisfações a respeito dele... (*soam os tambores*) Mas a ocasião foge, com tantos instrumentos sonoros que anunciam a chegada do rei.
(*Entra o REI BASÍLIO e comitiva.*)

ESTRELA — Sábio Tales...

ASTOLFO — Douto Euclides...

ESTRELA — Que entre signos...

ASTOLFO — Que entre estrelas...

ESTRELA — Hoje governas...

ASTOLFO — ...Resides...

ESTRELA — E seus caminhos...

ASTOLFO — ...Seus rastros...

ESTRELA — Descreves...

ASTOLFO — ...Regulas, medes...

ESTRELA — Deixa que em humilde laços...

ASTOLFO — Deixa que em ternos abraços...

ESTRELA — Hera deste tronco seja.

ASTOLFO — Rendido a teus pés me veja.

BASÍLIO — Sobrinhos, dai-me os braços. E já que vindes com tão efusivas provas de afeto e sois leais à minha paterna autoridade, acreditai que a ninguém deixarei descontente. Ficareis nivelados os dois. Prestai atenção, meus amados sobrinhos, ilustre corte da Polônia, vassalos, parentes e amigos: confesso-me rendido ao peso dos

anos e, nesta ocasião, só vos peço o silêncio. Já sabeis que as sutis ciências matemáticas são as que mais curso e estimo; sacrifico-lhes o meu tempo e desprezo a fama em seu benefício, para me instruir mais todos os dias. Leio estes livros tão rapidamente que o meu espírito acompanha no espaço as rápidas mudanças dos astros. Prouvera ao céu que eles não viessem jamais a concretizar-se consumando a minha tragédia, que já há anos venho adiando e sofrendo. Peço outra vez atenção para que observeis a minha conduta. (*adianta-se*)
De Clorinda, minha esposa,
tive um desgraçado filho,
para cujo parto os céus
se esgotaram em prodígios.
Antes que à formosa luz
lhe desse o sepulcro vivo
de um ventre (porque o nascer
e o morrer são parecidos)
sua mãe, muitíssimas vezes
entre idéias e delírios
sonhou que ele rompia
suas entranhas, atrevido,
qual monstro em forma de homem:
e por seu sangue tingido
dava morte à sua mãe,
sendo assim humana víbora.
Chegou o dia do parto
e os presságios se cumpriram.
Foi tal a força dos astros
que o Sol, no seu sangue tinto,
entrou a lutar com a Lua
como dois faróis divinos.
Foi este o maior eclipse

pelo Sol já padecido,
desde que chorou com sangue
a crua morte de Cristo.
Julgou-se que o Sol morria
no último paroxismo.
O céu se obscureceu,
tremeram os edifícios,
choveram pedras as nuvens
e correu sangue nos rios.
Assim nasceu Segismundo
dando-nos os maus indícios
porque matou sua mãe
e foi como se dissesse:
"homem sou; porque começo
a pagar mal benefícios".
Vi que meu filho seria
o homem mais atrevido,
o príncipe mais cruel
e o monarca mais terrível.
Com ele o reino seria
totalmente dividido,
escola de traições
e academia de vícios.
E que eu a seus pés seria
roto, pisado e ofendido.
Acreditei nos presságios
porque são vozes divinas
e resolvi encerrar
em prisão o mal-nascido,
para ver se o sábio tem
sobre as estrelas domínio.
Mandei contar que o infante
morrera quando nascido;

fiz construir uma torre.
Nessa torre é que ele vive,
pobre, mísero e cativo.
Só digo três coisas mais:
a primeira é que te estimo
tanto, Polônia, que quis
livrar-te de um rei indigno.
A segunda é a minha dúvida
sobre o direito que tive
ao desviar de meu sangue
honra que lhe era devida.
Pois para evitar que o faça
fiz a meu filho um delito.
Esta é a última e terceira:
talvez um erro haja sido
acreditar-se nos astros
quando existe o livre-arbítrio.
Por todas essas razões
decidi propor-vos isto:
amanhã vou colocar
no meu lugar o meu filho;
sem que ele saiba quem é
será rei qual tenho sido.
Com isso conseguirei
três respostas aos três itens:
primeira — se ele for
calmo, prudente e benigno,
desmentirá de uma vez
totalmente o seu destino.
Segunda — se for cruel,
soberbo, ousado e atrevido,
saberei que estive certo,
minha obrigação cumprindo.

Finalmente, se assim for,
tereis soberanos dignos
de minha coroa e cetro:
esses serão meus sobrinhos,
unidos em matrimônio
um do outro merecidos.

ASTOLFO — Como o mais interessado, digo que Segismundo apareça, pois basta-lhe ser teu filho.

TODOS — Dai-nos o nosso príncipe, que já desejamos rei!

BASÍLIO — Vassalos, vereis amanhã o meu filho.

TODOS — Viva o grande rei Basílio!
(*Saem todos acompanhando* ESTRELA *e* ASTOLFO; *fica o* REI; *entram* CLOTALDO, ROSAURA *e* CLARIM.)

CLOTALDO — Posso falar-te, senhor?

BASÍLIO — Clotaldo, bem-vindo sejas.

CLOTALDO — Aconteceu uma coisa, oh Rei, que rompe o foro da lei e do costume.

BASÍLIO — Que foi?

CLOTALDO — Um belo jovem, ousado e inadvertido, entrou na torre... E esse jovem, senhor, é...

BASÍLIO — Não te aflijas, Clotaldo. Se isso tivesse acontecido em outro dia, confesso que o lamentaria. Mas já divulguei o segredo e portanto, não importa que ele o saiba. Procura-me mais tarde, porque tenho muitas coisas que te dizer, e muitas a te pedir. Terás de ser o instrumento do maior acontecimento que o mundo já viu. E perdoo a esse jovem, para que, enfim, não penses que castigo os teus descuidos.
(*Sai.*)

CALDERÓN

CLOTALDO — Que vivas, Senhor, mil séculos! (*aparte*) Melhorou o céu a minha sorte! Já não direi que é meu filho, pois já posso poupar a sua vida. (*alto*) Estrangeiros, estais livres.

ROSAURA — Beijo os teus pés mil vezes.

CLARIM — E eu vejo-os, que uma letra não faz diferença...

ROSAURA — Deste-me a vida, senhor e, já que vivo por tua vontade, serei teu eterno escravo.

CLOTALDO — Não foi vida o que te dei, porque um homem agravado não está vivo.

ROSAURA — Mas com a vingança deixarei a minha honra tão limpa que a minha vida há de poder parecer dádiva tua.

CLOTALDO — Toma a espada que me entregaste. Ela basta, eu sei, para te vingar. Espada que foi minha — ainda que só por momentos — sempre te servirá.

ROSAURA — E sobre ela juro vingança, mesmo que o meu inimigo fosse mais poderoso do que é.

CLOTALDO — Ele é muito poderoso?

ROSAURA — Tão poderoso que nem quero falar disso.

CLOTALDO — Melhor seria esclarecer de quem se trata, para que eu não venha a ajudar o teu inimigo.

ROSAURA — Meu adversário é nada menos que Astolfo, duque de Moscou.

CLOTALDO — (*aparte*) Céus! (*alto*) Se nasceste moscovita, pouco poderá ter-te ofendido aquele que é teu natural senhor. Regressa a tua pátria, pois, deixa esse ardente brio que te precipita.

ROSAURA — Ofendeu-me, embora fosse o meu príncipe.

CLOTALDO — Não é possível, mesmo que atrevidamente tivesse posto a mão no teu rosto.

ROSAURA — A ofensa que me fez foi bem maior.

CLOTALDO — Explica-te, pois não podes ir além do que eu imagino.

ROSAURA — Poderia falar; porém, não sei com que respeito te olho, com que afeto te venero, com que estima te ouço, que não me atrevo a dizer-te que este traje esconde um enigma, pois ele não é de quem parece.

CLOTALDO — Como?

ROSAURA — Basta-te saber que não sou o que pareço e que se Astolfo veio para casar com Estrela, poderá sem dúvida ofender-me. E com isto já te disse bastante.
(*Saem* ROSAURA *e* CLARIM.)

CLOTALDO — Escuta, espera! Detém-te!
Que confuso labirinto
é este, por onde a razão
não consegue achar o fio!
A minha honra é a ofendida,
poderoso o inimigo,
eu vassalo, ela mulher:
descubra o céu um caminho,
mas eu duvido, em verdade,
de que possa descobri-lo,
quando em tão confuso abismo,
todo o céu é um presságio
e todo o mundo um prodígio.

SEGUNDA JORNADA

Salão do Palácio Real. BASÍLIO *e* CLOTALDO.

CLOTALDO — Tudo foi feito conforme ordenaste. Com a agradável bebida que com tantas ervas mandaste preparar, desci à estreita prisão de Segismundo. A fim de que se encorajasse para a empresa que solicitas, falei com ele sobre a presteza de uma águia vertiginosa que, desprezando a rosa dos ventos, passava a ser na altitude suprema do fogo um raio de pluma ou um cometa em liberdade. Ele não precisa de mais; tocando neste assunto da majestade, discorre com ambição e orgulho, e disse-me: "Que na inquieta república das aves haja também quem lhes jure obediência! Isso me consola. Se estou subjugado, é à força porque voluntariamente jamais me renderia". Vendo-o já enfurecido com isto, que tem sido tema de sua dor, ofereci-lhe logo o licor e, sem forças, ele caiu no sono; vi no seu corpo um suor frio, de modo que, se eu não soubesse que era morte fingida, duvidaria da sua vida. Coloquei-o numa carruagem e levei-o até o teu quarto, preparado com a majestade e a grandeza que a sua pessoa merece. Lá o deitamos na tua cama e quando o letargo se dissipar, será por nós servido, com majestade e grandeza. Qual é o teu intento, trazendo desta maneira Segismundo cá para o palácio? Explica, se a minha obediência merece esse favor.

BASÍLIO — Quero satisfazer-te, dando resposta a tudo. Se hoje ele soubesse que é meu filho e amanhã se visse outra vez reduzido à prisão e à miséria, não haveria dúvida que, pelo seu caráter, ficaria para sempre desesperado, pois sabendo quem é, que consolo poderia ter? Por isto quis deixar aberta uma porta ao desgosto: Ele poderá dizer que foi sonhado quanto aqui viu. Deste modo poderemos verificar duas coisas: a primeira é a sua natureza, porque ele, acordado, pode fazer quanto pensa ou imagina; a segunda é o consolo, pois ainda que agora seja obedecido e depois torne a sua prisão, poderá entender que sonhou, e isto far-lhe-á bem. De resto, Clotaldo, no mundo, todos os que vivem sonham.

CLOTALDO — Não me faltariam razões para provar que te enganas; mas já não há remédio e, pelo que ouço, parece que teu filho despertou, encaminhando-se para nós.

BASÍLIO — Quero retirar-me. Tu, como seu guia, procura-o e desfaz as incompreensões que o cercam.

CLOTALDO — Tenho licença para lhe dizer a verdade?

BASÍLIO — Sim. Sabendo a verdade pode ser que fique a conhecer o perigo e que assim mais facilmente o vença. (*Sai. Entra* CLARIM.)

CLARIM — (*aparte*) Entrar aqui custou-me quatro pauladas de um guarda ruivo que inchou dentro da farda. Acho que já tenho o direito de ver o que está acontecendo. Para entrar nesta festança, um homem despojado e despejado não pode ter vengonha...

CLOTALDO — Clarim, que há de novo?

CLARIM — Há que por tua clemência,
disposta a vingar agravos,
a Rosaura aconselhaste
que tome seu próprio traje.

CLOTALDO — Fiz isso para que não pareça leviandade o vestir roupas de homem…

CLARIM — Há que, mudando seu nome
ela hoje se apresenta
qual se fosse tua sobrinha
e agora é dama de Estrela.

CLOTALDO — Fez bem em gozar finalmente a honra que o nosso parentesco lhe dá.

CLARIM — Há que ela está esperando
que a ocasião logo chegue
para vingar sua honra
como já lhe prometeste.

CLOTALDO — É um cuidado sensato. No entanto, só o tempo há de tornar isso possível.

CLARIM — Há que ela está regalada,
servida como princesa
por ser a tua sobrinha…
…e de mim ninguém se lembra!

CLOTALDO — O teu lamento é justo. Vou te satisfazer. Entretanto, colabora comigo.

CLARIM — Segismundo já vem aí!
(*Entram músicos cantando e criados que entregam vestes a* SEGISMUNDO.)

CLARIM — (*cantando*) Houve um jovem bem nascido
que numa torre encantada
viveu vinte anos de vida
sem nunca ter visto nada
do que era a sua vida
do que era a sua vida…
Um dia, meio desperto,

viu ao seu lado um criado
e outro jovem tão formoso
que o prisioneiro, encantado,
queria-o sempre ao seu lado
e podia tê-lo amado...
Onde está o prisioneiro,
onde está o cavaleiro
e onde está o criado?
Não há cavalo nem moço,
nem torre, príncipe, nada,
porque tudo foi sonhado...
porque tudo foi sonhado...
(SEGISMUNDO *entra*.)

SEGISMUNDO — Estranho é tudo que vejo...
Tudo que sinto e respiro...
É espanto o que admiro...
é tanto que já não creio...
Eu, em telas e brocados,
eu, cercado de criados,
um leito cheio de sedas,
gente pronta a me vestir...
Não sonho? Ou sim? É engano.
Bem sei que estou acordado.
Eu sou Segismundo... Não?
Céu... o que é que foi mudado?
Que fez minha fantasia?
O que fizeram de mim?
Que houve enquanto eu dormia?
Isto que eu sou terá fim?
Não sei... não posso saber...
Já não quero discutir...
Melhor deixar-me servir...
E seja o que há de ser.

1º CRIADO — Quanta melancolia!

2º CRIADO — Quem não estaria melancólico no seu caso?

CLARIM — Eu.

2º CRIADO — Basta de conversa.

1º CRIADO — (*a* SEGISMUNDO) Devem continuar a cantar?

SEGISMUNDO — Não, não quero que cantem mais.

2º CRIADO — Pretendíamos alegrar-te, visto que estás tão absorto.

SEGISMUNDO — Eu não preciso distrair-me com as suas vozes. Só gostei de ouvir as músicas marciais.

CLOTALDO — Dê-me vossa alteza, grande senhor, a mão a beijar.

SEGISMUNDO — (*aparte*) É Clotaldo. Como será possível distinguir-me com tal respeito quem na prisão me maltratava? Que se passa comigo?

CLOTALDO — Com a grande confusão que este novo estado te dá, sofrerá mil dúvidas o teu entendimento e a tua razão. Senhor, és o príncipe herdeiro da Polônia. Se estiveste escondido, isso foi devido às inclemências da sorte, que promete grandes tragédias a este império ao coroar a tua augusta fronte com os lauréis régios. Apesar de tudo, no entanto, creio em tua inteligência. Sei que vencerás o prognóstico das estrelas. Um varão magnânimo pode vencê-las. Trouxeram-te da torre em que vivias para este palácio, enquanto tinhas os sentidos rendidos ao sono. Teu pai, o rei meu senhor, virá ver-te e por ele saberás o restante.

SEGISMUNDO — Vil, infame e traidor! Mas que tenho eu de saber mais, agora que sei quem sou, para mostrar desde hoje o meu orgulho e o meu poder? Como pudeste trair a tua pátria, a ponto de me ocultares, negando-me a minha condição, contra a razão e o direito?

CLOTALDO — Triste de mim, meu senhor!

SEGISMUNDO — Traíste a lei, lisonjeaste o rei e foste cruel para mim: e assim a lei, o rei e eu, entre infelicidades tão duras, condenam-te à morte!

2º CRIADO — Senhor...

SEGISMUNDO — Que ninguém me interrompa, isso será esforço vão! E por Deus! Se alguém interferir, jogo-o pela janela.

2º CRIADO — Foge, Clotaldo!

CLOTALDO — Ai de ti, que tanto orgulho mostras, sem saber que estás vivendo um sonho!
(*Sai.*)

2º CRIADO — Senhor, repare que...

SEGISMUNDO — Retira-te daqui.

2º CRIADO — ...que ele obedeceu ao rei.

SEGISMUNDO — Naquilo que não é lei justa, ele não deve obedecer ao rei, mas ao seu príncipe, que sou eu.

2º CRIADO — Ele não tinha o direito de julgar se fazia bem ou mal.

SEGISMUNDO — Acho que estás contra mim, porque me replicas.

CLARIM — Diz o príncipe muito bem, e tu fizeste muito mal.

2º CRIADO — Quem te deu licença para intervir?

CLARIM — Eu próprio a tomei.

CALDERÓN

SEGISMUNDO — Quem és?

CLARIM — Um intrometido; e neste ofício sou chefe; sou o maior mequetrefe que terá sido parido!

SEGISMUNDO — Só tu, nestes novos mundos, me agradaste!

CLARIM — Eu, senhor, sou um grande agradador de todos os Segismundos...
(*Entra* ASTOLFO.)

ASTOLFO — Mil vezes feliz seja o dia, oh príncipe, em que te mostras, enchendo de sol a Polônia e de resplendor e alegria todos estes horizontes! Surges qual divina aurora, pois acabaste de sair, como o sol, do seio dos montes! Surges, portanto, e embora tão tarde a tua fronte seja coroada com o laurel régio, queira Deus que ainda tarde muito a tua morte!

SEGISMUNDO — Deus te guarde.

ASTOLFO — Só porque não me reconheces, devo desculpar-te por não me honrares mais. Sou Astolfo, duque de Moscou, e teu primo; haja igualdade entre nós.

SEGISMUNDO — Se digo que Deus te guarde não te mostro bastante agrado? Já que te queixas, alardeando quem és, para outra vez direi: que Deus não te guarde.

2° CRIADO — (*a* ASTOLFO) Considere Vossa Alteza que ele cresceu nos montes e por isso faltam-lhe modos. (*a* SEGISMUNDO) Astolfo, senhor, prefere...

SEGISMUNDO — Molestou-me ouvi-lo falar, dando-se tanta importância. Ademais, apressou-se em pôr o chapéu...

2° CRIADO — É pessoa importante.

SEGISMUNDO — Mais importante sou eu.

2º CRIADO — Contudo, é melhor que haja mais respeito entre os dois do que entre as demais pessoas.

SEGISMUNDO — Quem és tu para me falares desta maneira? (*Entra* ESTRELA.)

ESTRELA — Seja Vossa Alteza muitas vezes bem-vinda ao trono que, agradecido, vos recebe e deseja; apesar das falsidades, oxalá nele vivais augusto e eminente, uma vida longa, que se conte por séculos e não por anos.

SEGISMUNDO — (*a* CLARIM) Quem é esta soberba beldade? Quem é esta deusa humana? Quem é esta formosa mulher?

CLARIM — É tua prima Estrela, senhor.

SEGISMUNDO — Melhor dirias o Sol: (*a* ESTRELA) Podes, Estrela, ofuscar e dar alegria ao mais rutilante farol. Dá-me a beijar a tua mão, em cuja taça de alvura bebe a aurora sua pureza.

ESTRELA — És galante e cortesão.

ASTOLFO — (*aparte*) Estou perdido.

2º CRIADO — Repara, senhor, que não é comedido ir tão longe, e jamais estando Astolfo...

SEGISMUNDO — Não me aborreças!

2º CRIADO — Digo o que é conveniente.

SEGISMUNDO — Tudo isso me enfada. Contra o meu gosto, nada me parece conveniente e justo.

2º CRIADO — Pois eu, senhor, te ouvi dizer que ao justo é bom obedecer e servir.

SEGISMUNDO — Também me ouviste dizer que saberei atirar pela janela quem me aborrecer!

2º CRIADO — Não se pode fazer isso a um homem como eu!

SEGISMUNDO — Não? Por Deus! Hei de provar que sim!
(*Agarra o criado, levantando-o e o carrega, saindo da sala acompanhado pelos demais.*)

ASTOLFO — Que vejo!

ESTRELA — Todos, todos para detê-lo!
(*Sai.*)

VOZES — Fora!
(SEGISMUNDO *volta a entrar.*)

SEGISMUNDO — Caiu ao mar, da varanda. Provei que podia ser feito.

ASTOLFO — Pois deverás medir com mais calma as tuas ações. O que vai de um ermo até o palácio é a mesma distância que separa os homens das feras.

SEGISMUNDO — Já que és tão severo e falas com tanto orgulho, tem cuidado. Talvez não aches em breve cabeça onde pôr o chapéu...
(*Sai* ASTOLFO; *entram* BASÍLIO, CLARIM *e criados.*)

BASÍLIO — Que aconteceu aqui?

SEGISMUNDO — Não foi nada. Atirei daquela varanda abaixo um homem que me aborrecia.

CLARIM — (*a Segismundo*) É o rei. Não estás vendo?

BASÍLIO — A tua chegada já custou uma vida, logo no primeiro dia?

SEGISMUNDO — O homem me disse que aquilo não podia ser feito. Joguei e ganhei a aposta.

BASÍLIO — Pois muito me desgosta, príncipe, vir te ver, esperançado em te encontrar prudente e triunfante de fados e estrelas, e, em vez disso, te encontrar de ânimo tão áspero, que a primeira ação que neste momento praticaste foi um grave homicídio. Com que amor poderei agora estender os meus braços para estreitar os teus, se sei que eles são capazes de matar? Assim, eu, que vejo nos teus braços o instrumento desta morte, afasto-me deles. E embora tivesse desejado cingir amorosamente o teu peito, vou embora sem o fazer, pois sinto medo dos teus braços.

SEGISMUNDO — Posso prescindir disso, como até agora. Um pai que sabe usar contra mim tanta rudeza que de si me afasta, negando-se como pai, para me criar como uma fera e me tratar como um monstro, e chega a desejar a minha morte, convence-me da pouca importância que tem isso de não me dar os braços, porque me tira, afinal, a qualidade de ser humano.

BASÍLIO — Prouvera ao céu e a Deus que eu não tivesse chegado a dar-te vida, pois não escutaria a tua voz nem veria o teu atrevimento.

SEGISMUNDO — Se não me tivesses dado o ser, não me queixaria de ti. Mas, já que nasci, queixo-me porque me negaste. Embora dar seja a ação mais nobre que existe, é baixeza dar, para depois retirar.

BASÍLIO — Nem me agradeces o te haver de repente transformado de pobre prisioneiro em príncipe?

SEGISMUNDO — Que tenho eu de agradecer-te por isso? Tirano da minha vontade, se estás velho e caduco, que me dás ao morrer? Só o que é meu. És meu pai e meu rei. Logo, toda a grandeza da minha condição me é dada pela natureza, pelo direito da sua lei. Poderia, isso sim, pedir-te contas pelo tempo que me negaste liberdade, vida e

CALDERÓN

honra. Deves agradecer que eu não cobre de ti, porque és tu o meu devedor.

BASÍLIO — És bárbaro e atrevido; cumpriu o céu o que ditou. Portanto, apelo para ele. Ainda que saibas agora quem és, e estejas informado, ouve bem este aviso: sê humilde e brando, porque talvez estejas a sonhar por mais que te sintas desperto.
(*Sai.*)

SEGISMUNDO — (*confuso*) Estarei sonhando? Estou
tão mal ciente e desperto?
Não sonho, pois sei ao certo
o que fui e o que sou.
Ainda que não te agrade
hei de prosseguir aqui;
sei quem sou e o que já vi
por mais que isso te enfade.
Não podes tirar-me o nome
e o lugar de teu herdeiro.
Se estive em prisão, primeiro,
morto de frio e de fome,
foi por não saber quem era;
mas como informado estou
de quem sou, já sei que sou
misto de homem e de fera.
(*Entra* ROSAURA, *com trajes femininos.*)

ROSAURA — (*aparte*) Foi-me ordenado que seguisse Estrela, mas tenho medo de encontrar Astolfo. Clotaldo não quer que ele saiba quem sou nem que me veja, dizendo que isso interessa à minha honra. (*pausa*) O príncipe está aqui... é melhor que eu me vá.

SEGUNDA JORNADA

SEGISMUNDO — Ouve, mulher, um momento. Surpresa! Que vejo?

ROSAURA — O mesmo que eu, duvidando e crendo.

SEGISMUNDO — Eu já vi esta beleza em outra ocasião.

ROSAURA — (*aparte*) E eu vi esta pompa, esta grandeza, reduzida a uma estreita prisão.

SEGISMUNDO — Quem és?

ROSAURA — Sou uma infeliz dama de Estrela.

SEGISMUNDO — Diz antes que és sol, a cuja luz vive aquela estrela, pois é de ti que ela recebe o resplendor.
(*Entra* CLOTALDO, *que se oculta;* CLARIM *e criados.*)

CLOTALDO — (*aparte*) Preciso dominar Segismundo; afinal, eu o criei. (*pausa*) Os dois juntos!

ROSAURA — Agradeço a tua gentileza. Que o meu silêncio, mais eloquente que as palavras, te responda. Quando a razão é vagarosa, fala melhor, senhor, quem mais cala.

SEGISMUNDO — Espera, não te vás. Por que me queres deixar assim perdido?

ROSAURA — É licença que peço a vossa alteza.

SEGISMUNDO — Partir tão depressa é tomar a licença...

ROSAURA — Se não a dás, terei de tomá-la.

SEGISMUNDO — Farás que eu me torne grosseiro. A resistência é um veneno cruel para a minha paciência.

ROSAURA — Não ouso, nem posso ofender-te.

SEGISMUNDO — Para provar meu poder, quero afastar do teu rosto os vestígios do medo. Sou bastante inclinado a vencer o impossível. Hoje, arrojei pela janela um homem que me dizia que isso não se podia fazer. Assim, só para provar que posso, atirarei tua honra pela janela...

CLOTALDO — (*aparte*) Fica mais teimoso a cada hora... Que hei de fazer? Se por um louco desejo estão novamente arriscando a minha honra?

ROSAURA — Não era em vão que este reino infeliz receava, com a tua tirania, traições, delitos, lutas e mortes. Mas que pode fazer um homem que de humano só tem o nome, e que nasceu no meio das feras, cruel, orgulhoso, bárbaro, tirano e atrevido?

SEGISMUNDO — Se não fossem as tuas injúrias, eu me mostraria cortês, para te cativar. Mas se falas de mim nesses termos, por Deus! Vou me esforçar por dar razão à injúria. (*aos presentes*) Deixem-nos sós! Fechem a porta, e que ninguém entre.
(*Saem* CLARIM *e os criados.*)

ROSAURA — (*aparte*) Vou morrer... (*alto*) Senhor...

SEGISMUNDO — Sou tirano. Por que pedes mercê?

CLOTALDO — (*aparecendo*) Príncipe, atende, olha...

SEGISMUNDO — É a segunda vez que me irritas, velho louco e caduco. Como pudeste entrar aqui?

CLOTALDO — Vim para aconselhar que sejas mais agradável se desejas reinar; já te vês senhor de todos, e eu quero demover-te de crueldades, pois talvez tudo isso não passe de um sonho.

SEGISMUNDO — Tu me provocas, quando me ameaças com o desengano. Matando-te, verei se isto é sonho ou realidade.

(SEGISMUNDO *arranca a adaga;* CLOTALDO *detém a arma com a mão e põe-se de joelhos.*)

CLOTALDO — Imploro-te que poupes a minha vida.

SEGISMUNDO — Tira essa mão da adaga!

CLOTALDO — Não a soltarei, enquanto não venha gente que detenha a tua cólera.

ROSAURA — Ai, Deus!

SEGISMUNDO — Solta, caduco, louco, bárbaro inimigo! Solta, ou morrerás de outra maneira!
(*Lutam.*)

ROSAURA — Corram todos depressa! Clotaldo vai ser morto!
(*Entra* ASTOLFO *no momento em que* CLOTALDO *vem cair a seus pés; interpõe-se aos contendores.*)

ASTOLFO — Então, o que é isso, príncipe generoso? Assim se mancha adaga tão viril num sangue gelado? A meus pés, esta vida tornou-se sagrada para mim. De algo lhe servirá eu ter chegado.

SEGISMUNDO — Que sirva para morreres. Também poderei vingar-me agora, com a tua morte, da insolência que há pouco tiveste comigo.

ASTOLFO — Eu defendo a minha vida; assim, não ofendo a majestade.
(ASTOLFO *desembainha a espada e lutam.*)

CLOTALDO — Não o firas, senhor!
(*Entram* BASÍLIO, ESTRELA *e comitiva.*)

BASÍLIO — Lutam aqui, em meu palácio?

ESTRELA — (*aparte*) Astolfo!

BASÍLIO — Que aconteceu?

ASTOLFO — Nada, senhor, porque tu chegaste.
(*Embainham as espadas.*)

SEGISMUNDO — Muito, senhor, embora tenhas chegado. Eu quis matar esse velho.

BASÍLIO — Não respeitavas aquelas cãs?

SEGISMUNDO — É vão pretender que eu respeite cabelos brancos. (*ao* REI) Esses mesmos, hei de ver um dia aos meus pés.
(*Sai.*)

BASÍLIO — Pois antes desse dia voltarás a dormir onde poderás verificar que tudo quanto aconteceu foi sonhado.
(*Saem o* REI, CLOTALDO *e comitiva.*)

ASTOLFO — Em face do que houve entre mim e Segismundo, prevejo orgulhos, infelicidades, mortes... e sei que acerto, porque tudo acabará por acontecer. No entanto, ao ver, senhora, esses olhos magníficos...

ESTRELA — Acredito que essas finezas sejam verdadeiras, mas devem destinar-se à dama cujo retrato vi pendente no vosso peito.
(*Entra* ROSAURA, *que se oculta.*)

ASTOLFO — Farei com que o retrato saia do meu peito e nele entre a imagem da tua formosura. Vou buscar o retrato. (*afastando-se*) Perdoa, bela Rosaura, o agravo que te faço...
(*Sai. Aparece* ROSAURA.)

ESTRELA — Astreia!

ROSAURA — Senhora!

ESTRELA — Quero confiar-te um segredo.

ROSAURA — Honras, senhora, quem te obedece.

ESTRELA — Apesar de te conhecer há pouco tempo, Astreia, entrego-te as chaves da minha confiança.

ROSAURA — Dispõe desta tua serva.

ESTRELA — Pois, para dizer tudo em poucas palavras, o meu primo Astolfo vai casar comigo. Desgostou-me, no entanto, vê-lo trazer ao pescoço o retrato de uma dama. Falei-lhe cortesmente nisso, e ele, por galanteria, e por me querer bem, foi buscar o retrato para mostrar-me. Ora, isto me embaraça muito. Assim, peço-te que fiques aqui à sua espera. Quando ele vier, diz que o entregue a ti. Não te digo mais nada. És sensata e formosa, deves saber o que é o amor.
(*Sai.*)

ROSAURA — Oxalá não o soubesse! Valha-me o céu! Que devo fazer hoje, nesta emergência? Se digo quem sou, Clotaldo, a quem minha vida deve este amparo, pode ficar ofendido comigo. Se não disser quem sou e Astolfo chega a ver-me, como hei de dissimular?
(*Entra* ASTOLFO, *que traz o retrato.*)

ASTOLFO — Aqui está, senhora, o retrato. Mas...

ROSAURA — Por que se detém Vossa Alteza? De que se admira?

ASTOLFO — De ouvir-te, Rosaura, e de te ver aqui.

ROSAURA — Eu, Rosaura? Engana-se Vossa Alteza se me toma por outra dama. Eu sou Astreia e a minha humildade não merece a grande dita de lhe causar essa perturbação.

ASTOLFO — Não continues a disfarçar, Rosaura. A alma

CALDERÓN

nunca mente e, embora ela te veja como Astreia, é como Rosaura que te quer.

ROSAURA — Não compreendi, e portanto não sei responder. Apenas direi que Estrela mandou que o esperasse aqui, pedindo-me para dizer de sua parte que me entregue aquele tão discutido retrato: e que eu própria o vá levar.

ASTOLFO — Por mais esforços que faça, oh, como dissimulas mal, Rosaura!

ROSAURA — Já te disse que só espero o retrato.

ASTOLFO — Bem se queres levar o engano até o fim, é com o engano que te respondo. Dirás, Astreia, à infanta, que a estimo tanto que, tendo-me ela pedido um retrato, seria pouco gentil enviá-lo. Assim, mando-lhe o original, para que o aprecie e estime: o original do retrato poderás tu levá-lo, porque está contigo.

ROSAURA — Dê-me Vossa Alteza esse retrato porque sem ele não saio daqui.

ASTOLFO — Mas como poderás levá-lo, se não o dou?

ROSAURA — Desta maneira.
(*Procura tirá-lo.*)

ASTOLFO — É inútil.

ROSAURA — Por Deus! Ele não há de ir parar nas mãos de outra mulher!

ASTOLFO — És terrível!

ROSAURA — E tu ardiloso!

ASTOLFO — Basta, Rosaura minha.

ROSAURA — Eu, tua? Mentes, vilão.

(*Ambos agarram o cordão com o retrato; entra* ESTRELA.)

ESTRELA — Astreia... Astolfo... que é isto?

ROSAURA — Se queres saber, senhora, eu te direi. (*ignorando* ASTOLFO, *que pretende impedi-la*) Vendo-te falar em retratos, recordei-me de que tinha um, meu, na manga. Quis vê-lo, e tirei-o, o retrato me caiu da mão, e Astolfo, que ainda tem o da outra dama, recolheu-o do chão; está tão rebelde que, em vez de me dar um, quer levar os dois. E como não me devolvia o meu, apesar dos rogos, eu, zangada e impaciente, quis arrebatá-lo. Aquele que ele tem na mão é o meu. Podes verificar.

ESTRELA — Dá-me, Astolfo, esse retrato.
(*Tira o retrato da mão de* ASTOLFO.)

ASTOLFO — Senhora...

ESTRELA — As aparências não desmentem a verdade.

ROSAURA — Não é o meu?

ESTRELA — Pode haver dúvida?

ROSAURA — Agora pede que te dê o outro.

ESTRELA — Toma o teu retrato e vai-te.

ROSAURA — (*apanhando o retrato*) Agora, venha o que vier. (*Sai.*)

ESTRELA — Dá-me agora o retrato que te pedi. Embora não pense ver-te nem falar-te jamais, não quero que ele fique em teu poder.

ASTOLFO — Embora quisesse, formosa Estrela, servir-te e obedecer-te, não posso dar-te o retrato, porque...

ESTRELA — És vilão e grosseiro amante. Já não o quero, nem quero que recordes o meu pedido.

CALDERÓN

(*Sai.*)

ASTOLFO — Espera, Estrela! (*pausa*) Valha-te Deus, Rosaura! Donde, como, e de que maneira vieste hoje à Polônia, para me perder e te perderes?
(*Sai.*)
(*Mudança de cena; prisão de* SEGISMUNDO *na torre.* SEGISMUNDO, *como no princípio, com peles e grilhões, deitado no chão;* CLOTALDO, *dois criados e* CLARIM.)

CLOTALDO — Deixem-no aqui. O seu orgulho acaba hoje onde começou.

CLARIM — Não despertes mais, Segismundo, para que não vejas mudada a tua sorte, e te sintas perdido de uma glória irreal. A tua glória foi uma sombra da vida e um prenúncio da morte.

CLOTALDO — Quem tão bem sabe discursar devia também prever um bom lugar onde exercitar a sua eloquência. (*aos soldados*) Podem fechar também esse. (*aponta um quarto contíguo*)

CLARIM — A mim? Por quê?

CLOTALDO — Porque Clarim que conhece tão graves segredos deve ficar em prisão, com muros bastante espessos para guardar o que sabe.

CLARIM — Acaso eu ameaço de morte o meu pai? Não. Atirei da janela algum novo Ícaro? Eu durmo, eu sonho? Por que devo ser preso?

CLOTALDO — Porque és Clarim.

CLARIM — Então, desde amanhã serei corneta, caladinha, que é instrumento ruim!

SEGUNDA JORNADA

(*Levam-no, e* CLOTALDO *fica só; entra* BASÍLIO, *embuçado, enquanto* SEGISMUNDO *segue adormecido.*)

BASÍLIO — Clotaldo.

CLOTALDO — Senhor! Vossa Majestade, aqui?

BASÍLIO — Uma tola curiosidade animou-me a vir ver o que acontece a Segismundo.

CLOTALDO — Aí está ele, reduzido a sua miserável condição.

BASÍLIO — Aí, príncipe infeliz e mal nascido! Procura despertá-lo, Clotaldo. O ópio lhe tirou as forças.

CLOTALDO — Está inquieto, senhor, falando baixo.

BASÍLIO — Quais serão seus sonhos, agora?

SEGISMUNDO — (*sonhando*) Piedoso é o príncipe que castiga os tiranos. Morra Clotaldo às minhas mãos e beije meu pai os meus pés.

CLOTALDO — Quer me matar.

BASÍLIO — Ameaça-me com maus tratos e humilhações.

CLOTALDO — Pretende roubar-me a vida.

BASÍLIO — Projeta derrubar-me a seus pés.

SEGISMUNDO — (*sonhando*) Surja na espaçosa praça do grande teatro do mundo este valor primordial: para realizar a vingança vejam o príncipe Segismundo que derrota o próprio pai. (*despertando*) Mas, onde estou?

BASÍLIO — (*escondendo-se*) Não convém que me veja. (*a* CLOTALDO) Já sabes o que fazer. Fico para escutar de mais longe.
(*Afasta-se.*)

SEGISMUNDO — Sou eu, porventura? Sou eu, preso e aferrolhado? Sois, torre, o meu sepulcro? Sim. Ah! Quantas coisas espantosas eu sonhei!

CLOTALDO — Já é hora de acordar?

SEGISMUNDO — Sim, já é hora de acordar.

CLOTALDO — Dormiste todo este tempo!

SEGISMUNDO — E acho que ainda não despertei. Pois se o que vi, palpável e certo, era sonho. O que vejo agora é incerto. Será que não sonho que estou acordado?

CLOTALDO — Conta-me o que sonhaste.

SEGISMUNDO — Mesmo que tivesse sido um sonho, não direi o que sonhei, Clotaldo, mas sim o que vi. Despertando, me vi num leito colorido e magnificente. Mil nobres submissos a meus pés me chamaram príncipe, e me ofereceram pomposas roupas, adornos e joias. Tu transformaste a calma do meu ânimo em alegria, revelando a minha sorte: embora esteja nesta miséria, eu era o príncipe herdeiro da Polônia.

CLOTALDO — Então, mereci um prêmio.

SEGISMUNDO — Não. Eu te mataria duas vezes, por traidor.

CLOTALDO — Por que tanta severidade?

SEGISMUNDO — Eu era senhor de todos, e a todos pedia desforra. Só amava uma mulher... creio que tudo isto foi verdade, já que tudo se acabou... só isto não se acaba... (*O* REI *se vai.*)

CLOTALDO — Como antes de adormeceres havíamos falado sobre as águias, tu, dormindo, sonhaste grandezas impossíveis. Mas teria sido bom que, mesmo em sonhos, pudesses honrar quem te criou com tantos cuidados, Segismundo. Até em sonhos não se perdem as boas ações.

(*Sai* CLOTALDO; *fica* SEGISMUNDO, *só.*)

SEGISMUNDO — (*só*) É certo; então reprimamos
esta fera condição,
esta fúria, esta ambição,
pois pode ser que sonhemos;
e o faremos, pois estamos
em mundo tão singular
que o viver só é sonhar
e a vida ao fim nos imponha
que o homem que vive, sonha
o que é, até despertar.
Sonha o rei que é rei, e segue
com esse engano mandando,
resolvendo e governando.
E os aplausos que recebe,
vazios, no vento escreve;
e em cinzas a sua sorte
a morte talha de um corte
E há quem queira reinar
vendo que há de despertar
no negro sonho da morte?
Sonha o rico sua riqueza
que trabalhos lhe oferece;
sonha o pobre que padece
sua miséria e pobreza;
sonha o que o triunfo preza,
sonha o que luta e pretende,
sonha o que agrava e ofende
e no mundo, em conclusão,
todos sonham o que são,
no entanto ninguém entende.
Eu sonho que estou aqui
de correntes carregado

e sonhei que noutro estado
mais lisongeiro me vi.
Que é a vida? Um frenesi.
Que é a vida? Uma ilusão,
uma sombra, uma ficção;
o maior bem é tristonho,
porque toda a vida é sonho,
e os sonhos, sonhos são.

TERCEIRA JORNADA

Mesmo cenário; na torre de SEGISMUNDO, *o compartimento de* CLARIM.

CLARIM — Pelo que sei, vivo preso numa torre encantada. Quem me faz companhia são as aranhas e os ratos. Se pelo que sei me matam, que castigo me darão pelo que ignoro? Pode um homem com tanta fome estar a morrer vivendo? Quero dizer em voz clara; todos irão acreditar, porque, para mim, silêncio não casa com o nome de Clarim. Não posso calar-me. Tenho a cabeça cheia dos sonhos desta noite: mil clarinetas, trombetas, miragens, procissões, cruzes, penitentes; uns sobem e outros descem, outros ainda desmaiam vendo o sangue que escorre dos corpos. Mas eu, é de fome que desmaio. Nestes novos tempos, consideram que é próprio dos santos aguentar e calar; mas santo, para mim, é isto de jejuar sem querer. Inútil queixar-me. É bem merecido o castigo que padeço, pois, sendo criado, calei-me, e isto é o maior sacrilégio.
(*Som de tambores, clarins e gritos, dentro.*)

1º SOLDADO — Está nesta torre. Derrubem a porta e entrem.

CLARIM — Graças a Deus: Não há dúvidas de que me procuram, pois dizem que estou aqui. Que será que eles querem?

1º SOLDADO — Entrem!
(*Entram vários soldados.*)

2º SOLDADO — Está aqui!

CLARIM — Não está.

SOLDADOS — Senhor...

CLARIM — Será que estão bêbados?

1º SOLDADO — Tu és o nosso príncipe. Não admitimos nem queremos senão o nosso príncipe natural, e não o duque estrangeiro. Dá-nos os pés, senhor, para beijarmos.

SOLDADOS — Viva o nosso grande príncipe!

CLARIM — (*aparte*) Por Deus, parece que é sério. Será costume neste país prenderem uma pessoa num dia, consagrá-la como príncipe no outro e despachá-la no terceiro outra vez para a prisão? Sim, é, porque estou vendo. Preciso desempenhar meu papel.

SOLDADOS — Dá-nos os pés, senhor!

CLARIM — Não posso, porque preciso deles para mim. Além do que, seria feio um príncipe perneta.

2º SOLDADO — Dissemos todos a teu pai que só a ti aceitaríamos como príncipe, e não a Astolfo.

1º SOLDADO — Sai, para reaver o teu império. Viva Segismundo!

TODOS — Viva!

CLARIM — Segismundo? Para vocês todos os príncipes à força são Segismundos?

SEGISMUNDO — (*aparecendo*) Quem chama aqui por Segismundo?

CLARIM — Pronto. Sou um príncipe gorado.

1º SOLDADO — Quem é Segismundo?

SEGISMUNDO — Eu.

2º SOLDADO — (*a* CLARIM) Tolo atrevido! Querias fazer-te passar por Segismundo?

CLARIM — Eu, Segismundo? Nego isso. Foram vocês que me segismundaram.

1º SOLDADO — Grande príncipe Segismundo, nós te aclamamos senhor nosso. O teu pai, o grande rei Basílio, receando que os céus cumpram uma profecia que prevê a sua submissão a ti, pretende tirar-te a faculdade da ação e o direito que te pertence; quer que em teu lugar fique Astolfo. Com esse fim reunia a corte. Mas o povo, com um nobre desprezo pela profecia que se atribui ao teu destino, vem buscar-te, para que, ajudado pelas suas armas, saias desta prisão para reaver a tua imperial coroa e poder. Sai pois, que lá fora um exército numeroso de revoltados plebeus aguarda para te aclamar. A liberdade te espera. Não ouves as vozes da multidão?

VOZES — (*dentro*) Viva Segismundo! Viva!

SEGISMUNDO — Que é isto, oh céu?! Queres que eu sonhe outra vez grandezas que o tempo há de desfazer? Queres que veja outra vez entre idéias e sombras vacilantes a majestade e a pompa varridas pelo vento? Queres que outra vez sinta a desilusão aquele que nasceu humilde e vive atento? Não hei de tornar a ver-me agarrado pela minha desgraça. Adeus, oh sombras, que perante os meus sentidos agora fingem ter corpo e voz. Não quero o poder fingido, não quero pompas fantásticas, ilusões inúteis. Já vos conheço, e sei que é o que acontece com quantos sonham. Mas para mim acabaram as ilusões; estou acordado, sei muito bem que a vida é sonho.

2° SOLDADO — Se pensas que te enganamos, olha para fora e vê o povo que te aguarda, disposto a obedecer-te.

SEGISMUNDO — Já outra vez vi isto mesmo, tão clara e distintamente como agora estou a vê-lo... e foi sonho.

2° SOLDADO — Sempre, grande senhor, as grandes coisas trouxeram prenúncios: se já sonhaste com isto, foi um prenúncio.

SEGISMUNDO — Dizes bem: foi um prenúncio. E se ele se confirma, já que a vida é tão curta, sonhemos, alma, sonhemos outra vez, mas com a precaução de despertar deste engano na melhor altura, e de ver que ele acaba. Assim, consciente, será menor a desilusão... Tanto mais que recusar seria escarnecer da sorte e desafiá-la... Atrevamo-nos a tudo, pois todo poder é emprestado e há de tornar ao seu legítimo dono. Vassalos, eu vos agradeço a lealdade. Em mim tendes quem vos livrará da escravidão. É minha intenção empunhar armas contra meu pai e dar razão ao que está escrito nos céus. Já que hei de vê-lo aos meus pés... tocai alarma!!

TODOS — Viva Segismundo! Viva!
(*Entra* CLOTALDO.)

CLOTALDO — Que alvoroço é esse?

SEGISMUNDO — Clotaldo!

CLOTALDO — Senhor...

CLARIM — (*aparte*) Aposto que vai atirá-lo pela janela.

CLOTALDO — Já sei que chego a teus pés para morrer.

SEGISMUNDO — Ergue-te pai, ergue-te do chão, porque vais ser o norte e guia de quantos confiarem nas minhas resoluções e porque já sei que devo a minha criação à tua lealdade. Dá-me tuas mãos.

CLOTALDO — Que dizes?

SEGISMUNDO — Digo que estou sonhando e que procuro agir bem, embora em sonhos.

CLOTALDO — Pois, senhor, se agir bem é agora o teu lema, penso que não te ofenderás por eu hoje procurar outro tanto. Mas, fazer guerra a teu pai! Eu não posso aconselhar-te contra o meu rei, nem ajudar-te. Estou aqui a teus pés. Mata-me.

SEGISMUNDO — Vilão, traidor ingrato! (*aparte*) Céus! Devo moderar-me pois, não sei ainda se estou acordado... (*alto*) Clotaldo, invejo a tua coragem e te agradeço. Vai servir ao rei; no campo de batalha nos veremos.

CLOTALDO — Beijo mil vezes os teus pés.
(*Sai.*)

SEGISMUNDO — Vocês, toquem às armas! Vamos reinar, minha sorte! Não me despertes, se durmo e, se estou acordado, não me adormeças. Se for realidade, por isso mesmo; senão, por ganhar amigos para quando despertarmos.
(*Saem todos; tocam os tambores.*)
(*Mudança de cena; Salão do Palácio Real.* BASÍLIO *e* ASTOLFO.)

BASÍLIO — Quem, Astolfo, sendo valente, poderá deter a fúria de um cavalo sem freio? Quem, sendo prudente, poderá deter o caudal de um rio que corre, soberbo e vertiginoso, para o mar? Pois parece mais fácil deter tudo isso que a soberba ira do povo. Que o diga o rumor da plebe dividida que, de um lado, grita: Astolfo! E de outro: Segismundo! E o rumor ressoa e multiplica-se em ecos por todo o país.

ASTOLFO — Senhor, adia-se hoje o que a tua mão me prometia. Se a nação ainda resiste em aceitar-me é preciso que eu a mereça primeiro. Dá-me a tua ajuda e que um raio caia sobre quantos se julgam trovão!
(*Sai.*)

BASÍLIO — Pouco conserto tem o que é inevitável: e muitos riscos o que é previsível. O que tem de ser, será. Que dura lei! Pensando fugir ao perigo, ofereci-me ao perigo. Com o que eu reprimia, me perdi. Eu mesmo, eu destruí a minha pátria.
(*Entra* ESTRELA.)

ESTRELA — Se com tua autoridade não tratas de refrear o tumulto desenfreado que vai crescendo pelas ruas e praças, entre os dois grupos do povo dividido, verás o teu reino afogar-se em sangue. Os soldados já parecem esqueletos vivos!
(*Entra* CLOTALDO.)

CLOTALDO — Graças aos céus, chego vivo aos teus pés!

BASÍLIO — Clotaldo! Que notícias me dás de Segismundo?

CLOTALDO — O povo, desabrido e cego, entrou na prisão e de lá tirou o príncipe. Vendo-se restituído à sua condição, ele mostrou valentia, dizendo ferozmente que há de dar razão aos vereditos do céu.

BASÍLIO — Preparem-me um cavalo! Quero ser eu, em pessoa, a vencer na luta a um filho ingrato. Que ao menos na defesa da minha coroa vençam as armas e sejam derrotados os presságios!

CALDERÓN

(*Saem* BASÍLIO *e* ESTRELA; *quando* CLOTALDO *vai sair, entra* ROSAURA, *que o detém.*)

ROSAURA — Embora as virtudes do teu peito gritem, ouve-me a mim, que sei que tudo é guerra. Mandaste que eu vivesse disfarçada no palácio e que evitasse encontrar-me com Astolfo. No entanto, ele acabou por me ver e ficou em tão difícil situação que passou a falar com Estrela à noite, num jardim. Ora, eu tenho a chave do jardim e posso entregá-la a ti, para que mates Astolfo. Assim, ficará restaurada a minha honra.

CLOTALDO — É verdade que, desde o dia em que te vi, fiquei decidido a fazer por ti o mais que pudesse. Mas quando Segismundo pretendeu assassinar-me, Astolfo interveio em minha defesa, demonstrando-me a sua afeição. Como poderei eu, tendo a alma agradecida, pensar em dar morte a quem me salvou a vida?

ROSAURA — Um dia me salvaste a vida; mas me disseste que vida manchada não é vida. Devo supor, então, que não me deste nada? Queres ser ao mesmo tempo generoso e agradecido? Sê antes generoso. Salva a minha honra. Serás grato depois.

CLOTALDO — Serei apenas generoso. Eu, Rosaura, te dou a minha fortuna. Recolhe-te a um convento, é a melhor solução que te posso dar. Nesta altura, quando o reino, dividido, sofre tão graves desditas, não hei de ser eu, que nasci nobre, quem as aumentará. Creio que não poderia fazer mais e melhor, mesmo que fosse teu pai.

ROSAURA — Se fosses meu pai e não me vingasses, seria eu quem sofreria a injúria.

CLOTALDO — Que pensas fazer?

ROSAURA — Matar o duque.

CLOTALDO — Uma dama, que não conheceu o pai, tem tanta coragem?

ROSAURA — Eu tenho!

CLOTALDO — O que te encoraja?

ROSAURA — A minha fama.

CLOTALDO — Olha que terás de enfrentar Astolfo...

ROSAURA — Toda a minha honra o condena.

CLOTALDO — E o novo rei, e o noivo de Estrela!

ROSAURA — Deus não há de permitir!

CLOTALDO — É uma loucura.

ROSAURA — Bem sei.

CLOTALDO — Pois cura-te dela.

ROSAURA — Não posso.

CLOTALDO — Perderás, certamente...

ROSAURA — Já sei...

CLOTALDO — ...vida e honra.

ROSAURA — Não duvido.

CLOTALDO — Que tens em mente?

ROSAURA — Matar-me, depois.

CLOTALDO — Isso é despeito.

ROSAURA — É honra.

CLOTALDO — É desatino.

ROSAURA — É coragem.

CLOTALDO — É delírio.

ROSAURA — É raiva, é ira.

CLOTALDO — Quem vai te ajudar?

ROSAURA — Vou sozinha.

CLOTALDO — Não desistes?

ROSAURA — Não.

CLOTALDO — Pensa bem se há outras maneiras...

ROSAURA — Do contrário, estaria perdida.
(*Sai.*)

CLOTALDO — Já que tens de perder-te, espera, filha, e percamo-nos todos.
(*Sai.*)
(*Mudança de cena;* SEGISMUNDO, *vestido de peles, com soldados que marcham, e* CLARIM. *No campo; rufam tambores.*)

SEGISMUNDO — Se a Roma triunfante dos seus começos imperiais me visse neste momento, como se alegraria por ter conseguido a fera que eu sou para dirigir os seus poderosos exércitos!
(*Entra* ROSAURA, *vestida com saia de pastor, com espada e adaga.*)

ROSAURA — Generoso Segismundo:
tua majestade heroica
nasce ao dia dos seus feitos
da noite de suas sombras.
Grande amanheças ao mundo,
lúcido sol da Polônia
e a uma mulher infeliz
que hoje a teus pés se arroja

ampares por ser mulher
e infeliz: duas coisas
que ao homem que for valente
qualquer uma basta e sobra.
Três vezes já tu me viste
em diverso traje e forma:
a primeira em tua prisão,
estando eu vestida de homem.
Na segunda, era mulher
quando estavas tu na corte.
A terceira é esta, quando
sou mulher e armas suporto.
Nos palácios de Moscou
nasci, de mãe muito nobre,
e de um traidor, cujo nome
não digo porque o ignoro.
Minha sorte foi tão dura
quanto a desta mãe formosa.
Também conheci ladrão
dos troféus da minha honra.
Astolfo! Ai de mim! Seu nome
me encoleriza e me enoja.
Astolfo foi dono ingrato
que, olvidado de suas glórias,
(porque, de um passado amor
se esquece até a memória)
veio à Polônia, chamado
por sua ambição famosa
para casar-se com Estrela,
do meu crepúsculo o foco.
Eu, ofendida, burlada,
calei minhas penas fundas
até que um dia, a Violante

CALDERÓN

contei-as todas, chorosa.
Ela então contou-me as suas
consolando-me, piedosa.
Juiz que foi delinquente
quão facilmente perdoa!
Deu-me a espada recebida
do raptor de sua honra,
e mandou que, disfarçada,
vestisse trajes de homem.
"Vai à Polônia", me disse
"para que te vejam os nobres;
em algum encontrarás
consolo para tuas dores".
Aqui encontrei Clotaldo,
o que me salvou da morte
e me pediu fosse dama
de Estrela, noiva de Astolfo.
No entanto, quer impedir
somente esse matrimônio
e pede que minha luta
por minha honra abandone.
Por isso hoje venho a ti
Segismundo! E em tua pessoa
ponho minha confiança
ofereço a minha força
mulher, para me queixar,
varão, para ganhar glórias.

SEGISMUNDO — Oh céus! Era então verdade?
Mas então não era sonho?
Como pode esta mulher
dizer coisas tão notórias?
Pois se é assim, e há de ver-se
desvanecida entre sombras

a grandeza e o poder
saibamos aproveitar
este pouco que nos toca
pois só se goza na vida
o que entre sonhos se goza.
Rosaura está em meu poder,
é bela, e minha alma a adora...
(*Mudança.*)
Mas não... é mulher ferida...
e mais a um príncipe toca
dar honra do que tirá-la.
Por Deus! Que de sua honra
hei de ser conquistador
mais que de minha coroa.

ROSAURA — Senhor! Pois assim te vais?
Nem uma palavra boa
te merece o meu cuidado
te merece o meu desgosto?
Como é possível, senhor,
que não me olhes nem me ouças?

SEGISMUNDO — Rosaura, o dever me força
por ser piedoso contigo
a ser cruel contigo agora.
Não te responde esta voz
para que o brio responda;
não te falo, porque quero
que por mim falem as obras
nem te olho, pois é força,
em pena tão rigorosa
que não olhe tua beleza
quem deve olhar por tua honra.

ROSAURA — Meu Deus, que palavras dizes!

CALDERÓN

Depois de tanto pesar
posso eu me conformar
com enigmas infelizes?
(*Entra um soldado cantando.*)

SOLDADO — (*cantando*) Já se declarou a guerra
de Segismundo a Basílio.
Já saem para o combate
forças do pai e do filho.
Soam tambores valentes
no palácio sitiado;
agora é a hora da morte
para os míseros soldados.
Uns gritam: "Que viva o rei!"
outros: "Viva a liberdade!"
Todos querem o poder
e redobra a luta armada
e soa a hora da morte
para o povo esfomeado.
O exército de Basílio
sofre derrota fatal.
Também se acabam os reis
quando o maior é rival.
E se a morte nos persegue
de pouco adianta fugir,
pois mesmo estando escondido
caiu ferido Clarim.
Clotaldo aconselha a todos,
Astolfo busca a batalha,
ao rei suplicam que fuja
montado no seu cavalo.
Porém, Basílio recusa
mesmo que a morte o aguarde.
Do lado de Segismundo

mostram-lhe onde o rei se acha;
o príncipe, sem perdão,
ordena que os seus soldados
busquem nos bosques e árvores
cada tronco e cada ramo.
Quando Basílio compreende
que terminou a contenda
depõe as armas que tinha
e ante o filho se apresenta,
para que o curso da vida
mais uma vez se mantenha...
(*Entram* BASÍLIO, CLOTALDO *e* ASTOLFO, *que vêm fugindo.*)

BASÍLIO — Ai de mim, rei infeliz!
Ai de mim, pai perseguido!

CLOTALDO — Teu exército, vencido,
foge de inimigos vis!

ASTOLFO — Os traidores triunfantes ficam.

BASÍLIO — Em batalhas tais
os que vencem são leais
e vencidos os traidores.
Fujamos, Clotaldo, pois,
do cruel, do desumano
rigor de um filho tirano.
(*Ouve-se um tiro dentro e cai* CLARIM, *ferido, de onde estava.*)

CLARIM — Valha-me Deus!

ASTOLFO — Mas quem é
este mísero soldado
que a nossos pés vem cair
do próprio sangue manchado?

CALDERÓN

CLARIM — Sou um homem desgraçado
que por querer me guardar
da morte, a fui procurar.
Fugindo dela, encontrei
a morte, pois não há lugar
para a inimiga secreta.
Quanto mais longe te escondes
mais te alcança a sua seta.
Por isso digo: voltai
à sangrenta guerra, e logo,
porque entre as armas e o fogo
bem mais seguros estais
que no bosque mais guardado;
não há seguro caminho
contra a força do destino
e a inclemência do Fado.
De pouco vale tentar
da morte se defender;
sempre acaba por morrer
aquele que Deus mandar.
(*Cai morto.*)

BASÍLIO — Sempre acaba por morrer
aquele que Deus mandar!
Com que razão esclarece
nossa pobre ignorância
e nos dá conhecimento
este cadáver que fala
por boca de uma ferida
sendo o sangue que derrama
cruenta língua que ensina
o pouco valor do esforço
que fazemos contra a sina;
o homem bem pouco alcança

se ante si alça-se a Força!
Pois eu, por livrar de mortes
e sedições minha pátria
terminei por entregá-la
aos traidores que evitava.

CLOTALDO — Inda que saiba o destino
os caminhos, e inda que ache
a quem busca, na espessura
de penhascos, não é próprio
de nossa gente cristã
perder a fé na vitória.
Certo é que o varão prudente
vence o destino carrasco
e se não está protegido
contra a pena e a desgraça
procura como salvar-se.

ASTOLFO — Clotaldo, senhor, te fala
como prudente varão
que madura idade alcança;
eu, como jovem valente.
Por entre as espessas matas
deste monte está um cavalo
rápido filho dos ventos.
Foge, que eu te guardarei
de todos os elementos.

BASÍLIO — Se Deus quiser que eu pereça
ou se a morte a mim me aguarda
aqui a quero encontrar
esperando, cara a cara.
(*Entram* SEGISMUNDO, ESTRELA, ROSAURA, *soldados, corte.*)

CALDERÓN

BASÍLIO — Se andas a procurar-me, aqui estou, príncipe, ao teu dispor. Calca a minha fronte e pisa a minha coroa; abate, arrasta minha dignidade, vinga-te na minha honra, serve-te de mim como escravo. E após tantas precauções, cumpra-se o que estava escrito. Cumpra o céu a sua palavra.

SEGISMUNDO — Ilustre corte da Polônia, que és testemunha de fatos tão surpreendentes, escuta o que determina o teu príncipe! Deus escreveu tudo o que o céu determina e que, cifrado nos espaços azuis, nunca engana ou mente. Engana e mente, sim, quem decifrar as determinações do céu para as usar em seu benefício. Meu Pai, aqui presente, para se eximir à sanha da minha condição, fez de mim um bruto, uma fera humana, de maneira que eu, devendo ter nascido galhardo, generoso, dócil e humilde, para o que bastaria uma vida normal, aprendi desde a infância os meus costumes com as feras. Que bom modo de impedir esses costumes! Se dissessem a um homem: "Uma fera vai te matar!" — iria ele despertá-la enquanto dormia? Se dissessem: "Essa espada que trazes cingida será aquela que te matará" — seria tolice, para evitar o desastre, desembainhar a espada e apontá-la contra o próprio peito. Se dissessem: "Montanhas de água hão de ser a tua sepultura num poço de prata" — mal faria ele em se atirar ao mar, quando, espumando, eriça a raiva de suas ondas. Aconteceu ao meu pai o mesmo que acontece a quem, sendo ameaçado por uma fera, a desperta; a quem, sendo visado por uma espada, a encosta ao peito; a quem agita as ondas de um mar tempestuoso. Uma vez desencadeadas as forças, não poderia mais descansar a minha sanha, adoçar a espada da minha fúria, tranquilizar a dureza da minha violência, porque o futuro não pode ser afeiçoado com injustiças e fomes de vingança.

Assim, quem deseja dominar a sua má sorte, terá de usar de prudência e temperança. Ninguém se preserva dos desastres que ainda não aconteceram; quando muito poderá prevê-los e acautelar-se deles na devida altura; sua chegada, ninguém poderá evitar. Que nos sirva de exemplo o que neste local aconteceu, espetáculo prodigioso e singular! Basta termos chegado a ver, apesar de todas as prudências, ajoelhado a meus pés um pai e derrubado um monarca. Foi veredito do céu; por mais que ele quisesse impedi-lo, nada pode fazer. Poderei eu, no entanto, que sou menor na idade, nos méritos e na sabedoria, dominar o meu destino? (*ao* REI) Ergue-te, senhor, e dá-me a tua mão.

BASÍLIO — Filho! Com tão nobre ação outra vez as minhas entranhas te geram, és o príncipe. Mereces o laurel da tua condição e a palma da tua vitória. Venceste. Que as tuas façanhas te coroem!

TODOS — Viva Segismundo, Viva!

SEGISMUNDO — Porque espero obter outras grandes vitórias, vou alcançar a mais custosa hoje: vencer-me a mim próprio. Astolfo, dá a mão a Rosaura. Tu lhe deves a honra e eu estou disposto a fazer-te pagar essa dívida.

ASTOLFO — Embora seja verdade que lhe devo obrigações, repara que ela não conhece pai e seria uma baixeza infamante eu casar-me com mulher...

CLOTALDO — Não continues. Rosaura é tão nobre quanto tu, Astolfo, e a minha espada a defenderá. Basta declarar que é minha filha.

ASTOLFO — Que dizes?

CLOTALDO — Que eu quis guardar segredo disto até a ver

casada, nobre e honrada. A história é muito longa, mas é certo, é minha filha.

ASTOLFO — Pois sendo assim, cumprirei a minha palavra.

SEGISMUNDO — Para que Estrela não fique desconsolada, vendo que perde um príncipe com tanto mérito e fama, pela minha mão hei de casá-la com alguém que, se não o excede, o iguala. Dá-me a tua mão!

ESTRELA — Eu não mereço tanta felicidade!

SEGISMUNDO — Clotaldo, que lealmente serviu meu pai, tem os meus braços à sua espera, com as mercês que queira solicitar.

SOLDADO — Se assim recompensas quem não te auxiliou, que me darás a mim que causei a rebelião no reino, libertando-te da prisão em que jazias?

SEGISMUNDO — A prisão. E para que não saias nunca de lá, hás de permanecer vigiado até a morte; estando a traição passada, já não é preciso o traidor.

BASÍLIO — O teu talento surpreende a todos.

ASTOLFO — Que caráter tão mudado!

ROSAURA — Que sábio e que prudente!

SEGISMUNDO — O que é que vos espanta?
Se o meu mestre foi o sono
e temendo em minhas ânsias
estou, de acordar na torre?
E mesmo que assim não seja,
basta sonhá-lo de novo.
Assim cheguei a saber
que a felicidade humana
passa sempre como um sonho

e hoje quero aproveitá-la
ainda que dure pouco
pedindo, de nossas faltas
a todos os que me ouvem
perdão, pois em peitos nobres
o perdão é flor de ouro.

COLEÇÃO DE BOLSO HEDRA

1. *Iracema*, Alencar
2. *Don Juan*, Molière
3. *Contos indianos*, Mallarmé
4. *Auto da barca do Inferno*, Gil Vicente
5. *Poemas completos de Alberto Caeiro*, Pessoa
6. *Triunfos*, Petrarca
7. *A cidade e as serras*, Eça
8. *O retrato de Dorian Gray*, Wilde
9. *A história trágica do Doutor Fausto*, Marlowe
10. *Os sofrimentos do jovem Werther*, Goethe
11. *Dos novos sistemas na arte*, Maliévitch
12. *Mensagem*, Pessoa
13. *Metamorfoses*, Ovídio
14. *Micromegas e outros contos*, Voltaire
15. *O sobrinho de Rameau*, Diderot
16. *Carta sobre a tolerância*, Locke
17. *Discursos ímpios*, Sade
18. *O príncipe*, Maquiavel
19. *Dao De Jing*, Laozi
20. *O fim do ciúme e outros contos*, Proust
21. *Pequenos poemas em prosa*, Baudelaire
22. *Fé e saber*, Hegel
23. *Joana d'Arc*, Michelet
24. *Livro dos mandamentos: 248 preceitos positivos*, Maimônides
25. *O indivíduo, a sociedade e o Estado, e outros ensaios*, Emma Goldman
26. *Eu acuso!*, Zola — *O processo do capitão Dreyfus*, Rui Barbosa
27. *Apologia de Galileu*, Campanella
28. *Sobre verdade e mentira*, Nietzsche
29. *O princípio anarquista e outros ensaios*, Kropotkin
30. *Os sovietes traídos pelos bolcheviques*, Rocker
31. *Poemas*, Byron
32. *Sonetos*, Shakespeare
33. *A vida é sonho*, Calderón
34. *Escritos revolucionários*, Malatesta
35. *Sagas*, Strindberg
36. *O mundo ou tratado da luz*, Descartes
37. *O Ateneu*, Raul Pompeia
38. *Fábula de Polifemo e Galateia e outros poemas*, Góngora
39. *A vênus das peles*, Sacher-Masoch
40. *Escritos sobre arte*, Baudelaire
41. *Cântico dos cânticos*, [Salomão]
42. *Americanismo e fordismo*, Gramsci
43. *O princípio do Estado e outros ensaios*, Bakunin
44. *O gato preto e outros contos*, Poe
45. *História da província Santa Cruz*, Gandavo
46. *Balada dos enforcados e outros poemas*, Villon
47. *Sátiras, fábulas, aforismos e profecias*, Da Vinci
48. *O cego e outros contos*, D.H. Lawrence

49. *Rashômon e outros contos*, Akutagawa
50. *História da anarquia (vol. 1)*, Max Nettlau
51. *Imitação de Cristo*, Tomás de Kempis
52. *O casamento do Céu e do Inferno*, Blake
53. *Cartas a favor da escravidão*, Alencar
54. *Utopia Brasil*, Darcy Ribeiro
55. *Flossie, a Vênus de quinze anos*, [Swinburne]
56. *Teleny, ou o reverso da medalha*, [Wilde et al.]
57. *A filosofia na era trágica dos gregos*, Nietzsche
58. *No coração das trevas*, Conrad
59. *Viagem sentimental*, Sterne
60. *Arcana Cœlestia e Apocalipsis revelata*, Swedenborg
61. *Saga dos Volsungos*, Anônimo do séc. XIII
62. *Um anarquista e outros contos*, Conrad
63. *A monadologia e outros textos*, Leibniz
64. *Cultura estética e liberdade*, Schiller
65. *A pele do lobo e outras peças*, Artur Azevedo
66. *Poesia basca: das origens à Guerra Civil*
67. *Poesia catalã: das origens à Guerra Civil*
68. *Poesia espanhola: das origens à Guerra Civil*
69. *Poesia galega: das origens à Guerra Civil*
70. *O chamado de Cthulhu e outros contos*, H.P. Lovecraft
71. *O pequeno Zacarias, chamado Cinábrio*, E.T.A. Hoffmann
72. *Tratados da terra e gente do Brasil*, Fernão Cardim
73. *Entre camponeses*, Malatesta
74. *O Rabi de Bacherach*, Heine
75. *Bom Crioulo*, Adolfo Caminha
76. *Um gato indiscreto e outros contos*, Saki
77. *Viagem em volta do meu quarto*, Xavier de Maistre
78. *Hawthorne e seus musgos*, Melville
79. *A metamorfose*, Kafka
80. *Ode ao Vento Oeste e outros poemas*, Shelley
81. *Oração aos moços*, Rui Barbosa
82. *Feitiço de amor e outros contos*, Ludwig Tieck
83. *O corno de si próprio e outros contos*, Sade
84. *Investigação sobre o entendimento humano*, Hume
85. *Sobre os sonhos e outros diálogos*, Borges — Osvaldo Ferrari
86. *Sobre a filosofia e outros diálogos*, Borges — Osvaldo Ferrari
87. *Sobre a amizade e outros diálogos*, Borges — Osvaldo Ferrari
88. *A voz dos botequins e outros poemas*, Verlaine
89. *Gente de Hemsö*, Strindberg
90. *Senhorita Júlia e outras peças*, Strindberg
91. *Correspondência*, Goethe — Schiller
92. *Índice das coisas mais notáveis*, Vieira
93. *Tratado descritivo do Brasil em 1587*, Gabriel Soares de Sousa
94. *Poemas da cabana montanhesa*, Saigyō
95. *Autobiografia de uma pulga*, [Stanislas de Rhodes]
96. *A volta do parafuso*, Henry James
97. *Ode sobre a melancolia e outros poemas*, Keats
98. *Teatro de êxtase*, Pessoa
99. *Carmilla — A vampira de Karnstein*, Sheridan Le Fanu

100. *Pensamento político de Maquiavel*, Fichte
101. *Inferno*, Strindberg
102. *Contos clássicos de vampiro*, Byron, Stoker e outros
103. *O primeiro Hamlet*, Shakespeare
104. *Noites egípcias e outros contos*, Púchkin
105. *A carteira de meu tio*, Macedo
106. *O desertor*, Silva Alvarenga
107. *Jerusalém*, Blake
108. *As bacantes*, Eurípides
109. *Emília Galotti*, Lessing
110. *Contos húngaros*, Kosztolányi, Karinthy, Csáth e Krúdy
111. *A sombra de Innsmouth*, H.P. Lovecraft
112. *Viagem aos Estados Unidos*, Tocqueville
113. *Émile e Sophie ou os solitários*, Rousseau
114. *Manifesto comunista*, Marx e Engels
115. *A fábrica de robôs*, Karel Tchápek
116. *Sobre a filosofia e seu método — Parerga e paralipomena (v. II, t. 1)*, Schopenhauer
117. *O novo Epicuro: as delícias do sexo*, Edward Sellon
118. *Revolução e liberdade: cartas de 1845 a 1875*, Bakunin
119. *Sobre a liberdade*, Mill
120. *A velha Izerguil e outros contos*, Górki
121. *Pequeno-burgueses*, Górki
122. *Um sussurro nas trevas*, H.P. Lovecraft
123. *Primeiro livro dos Amores*, Ovídio
124. *Educação e sociologia*, Durkheim
125. *Elixir do pajé — poemas de humor, sátira e escatologia*, Bernardo Guimarães
126. *A nostálgica e outros contos*, Papadiamántis
127. *Lisístrata*, Aristófanes
128. *A cruzada das crianças/ Vidas imaginárias*, Marcel Schwob
129. *O livro de Monelle*, Marcel Schwob
130. *A última folha e outros contos*, O. Henry
131. *Romanceiro cigano*, Lorca
132. *Sobre o riso e a loucura*, [Hipócrates]
133. *Hino a Afrodite e outros poemas*, Safo de Lesbos
134. *Anarquia pela educação*, Élisée Reclus
135. *Ernestine ou o nascimento do amor*, Stendhal
136. *A cor que caiu do espaço*, H.P. Lovecraft
137. *Odisseia*, Homero
138. *História da anarquia (vol. 2)*, Max Nettlau

Edição _ Jorge Sallum
Coedição _ Bruno Costa e Iuri Pereira
Capa e projeto gráfico _ Júlio Dui e Renan Costa Lima
Programação em LaTeX _ Marcelo Freitas
Revisão _ André Fernandes e Bruno Costa
Assistência editorial _ Bruno Oliveira
Colofão _ Adverte-se aos curiosos que se imprimiu esta obra em nossas oficinas em 13 de dezembro de 2011, em papel off-set 90 g/m², composta em tipologia Minion Pro, em GNU/Linux (Gentoo, Sabayon e Ubuntu), com os softwares livres LaTeX, DeTeX, vim, Evince, Pdftk, Aspell, svn e trac.